ÊTRE CITOYEN EN FRANCE
AU XXIᵉ SIÈCLE

ÊTRE CITOYEN

EN FRANCE

AU XXIᵉ SIÈCLE

Edith JACQUEMOT

Édition : BoD – Books on Demand, info@bod.fr
Impression : BoD – Books on Demand, In de Tarpen 42,
Norderstedt (Allemagne)

Impression à la demande

ISBN: 978-2-3225-3873-7

Dépôt légal: Juin 2024

A Olivier Bertrand,
pour toutes nos conservations
si riches et variées, divergentes parfois.

INTRODUCTION

Il y a plus de vingt ans, eut lieu l'entrée dans le XXIe siècle que certains annonçaient comme étant la fin du Monde, un retour au spirituel ou au religieux, le grand bug informatique, etc.

Aujourd'hui, de tout cela, rien ne s'est passé. Un quart de siècle s'est déjà écoulé et la société fait face à une montée de la violence, qu'elle soit physique, verbale ou posturale même, et, aussi, à une perte des valeurs. La référence est ici faite non seulement aux valeurs républicaines, morales et à celles qui caractérisaient le savoir-vivre à la française.

Par ailleurs, un nombre conséquent d'adultes rencontrés çà et là, au hasard de la vie, avouent avoir de nombreuses angoisses de toutes sortes. Parmi les jeunes, un grand nombre est en perte de repères et, là encore, de valeurs.

Le temps est venu d'établir le bilan afin de savoir pourquoi et comment nous en sommes arrivés là, puis de tenter d'inciter chacun à la réflexion, pour trouver des solutions permettant de redresser la barre du navire France, si tant est qu'il existe encore. Il est urgent de redéfinir ce que signifie être citoyen dans la France d'aujourd'hui afin que chacun puisse apporter avec et à ses semblables une pierre à ce bel édifice. En effet, nombre de personnes ont fait preuve de courage et d'abnégation pour que la France existe avec ses valeurs tant enviées, et cela ne doit pas avoir été vain.

Pour cela, il sera nécessaire de s'appuyer sur les outils légués par les aïeux, nés durant la première moitié du XX$^\text{e}$ siècle et avant, qui avaient le cerveau bien en place et savaient faire preuve de logique et de bon sens. Pourtant, peu avaient dépassé le niveau de l'enseignement primaire mais ils savaient réfléchir, posant les problèmes, y apportant des solutions, tout en anticipant pour faire au mieux de ce qu'ils pensaient être juste et utile.

Cet ouvrage, qui sera peut-être ressenti comme étant acerbe ou amer ou les deux à la fois, tentera d'apporter une vision juste et lucide sur la société. Il se veut porteur d'espoir, également conducteur pour redéfinir le rôle que chaque citoyen français devrait tenir afin de se sentir pleinement à sa place dans la société ; en étant acteur plutôt que spectateur. Il est important de comprendre que c'est ensemble, mais aussi individuellement, que le changement de la société française s'opèrera tout en préparant un avenir meilleur aux générations futures. Les interrogations sont une invitation faite au lecteur à prendre le temps de méditer sur ces sujets.

Chapitre I

Définitions

« Le savoir est une arme, ne l'oublie jamais » S. Bugsy

Pour commencer, il est important de revoir les définitions ; trop peu de personnes, actuellement, s'y réfèrent pour utiliser le bon sens des mots. L'usage de ces derniers est souvent inapproprié, voire détourné.

Face aux délais pour obtenir une réponse sur le prix des droits d'auteur, et donc les conséquences pécuniaires, l'auteure vous invite à consulter au moins deux dictionnaires. Pour sa part, elle s'est référée à ceux-ci et vous invite à faire de même pour une meilleure compréhension de ce chapitre : www.larousse.fr et www.lerobert.com. Force est de constater qu'il peut y avoir des différences significatives. Par ailleurs, ces deux ouvrages sont les références en matière d'enseignement scolaire.

La France est un pays, une nation : c'est une certitude.

Qu'est-ce qu'un pays ? Jusqu'ici pas de problème, les définitions se rejoignent.

Qu'est-ce qu'une nation ? La définition du Larousse est beaucoup plus explicite en énumérant plusieurs concepts. Le Robert donne une définition plus sommaire et un peu plus floue.

Cela se complique déjà, le second ne faisant plus référence à la notion de territoire. Pourtant, que ce soit la France dans son entièreté (métropolitaine et ultra-marine) ou l'Europe, il existe bel et bien le territoire avec ses frontières, puisque l'armée en assure la surveillance et la loi française s'y applique. Par ailleurs, dans la Constitution française, qui est la plus haute référence dans la hiérarchie des lois, il est écrit « La France » et « territoires », à propos des outre-mer pour les différencier des départements métropolitains, dès son premier article.

Qu'est-ce la France ? La définition du Larousse reprend les mots « État » et « territoire ». Concernant Le Robert, il est surprenant qu'après le mot « francatu » vienne celui de « Francfort » : la France n'existe pas !? Tout du moins en ligne ; peut-être s'agit-il d'une erreur de relecture et existe-t-elle encore dans la version papier ? Heureusement, le mot « territoire » apparaît bien.

Ce mot est important car la définition de Le Robert pour « nation » interpelle dans cette époque où la vie en commun et la notion d'unité des Français sont souvent mises à mal, d'autant que les personnes ne constituent pas un territoire, mais un peuple, et il est aisé de se demander à quoi les mots de cette définition font allusion.

Qu'est-ce qu'un peuple ? La définition du Larousse donne sept définitions ; la cinquième semble la plus proche de l'objet de ce livre. Le Robert indique trois définitions ; la plus appropriée est celle faisant référence aux personnes, lois et à la nation.

À travers, ces deux définitions bien différentes, le mot « nation » côtoie le mot « lois », d'une part, le mot « pays » ceux de « citoyens » et « gouvernants », d'autre part.

Précédemment, les définitions de « pays » et de « nation » reprenaient, plus ou moins, le mot « territoire ». Un territoire peut, aussi, être une région, un département ou une commune.

Enfin, le mot « citoyen » apparaît dans la définition du Larousse à propos du mot « peuple ».

Qu'est-ce qu'un citoyen ? Larousse donne quatre définitions ; la deuxième est retenue. Il est précisé qu'il a pour racine « cité » ; la première définition, faisant référence à l'Antiquité, est cependant intéressante. Les deux dictionnaires se rejoignent sur les « droits politiques » uniquement.

Il est intéressant de se pencher sur la définition du mot « cité » : Larousse comme Le Robert font référence à des ensembles urbains assez importants. Il est intéressant de garder en mémoire l'idée de gestion politique qui ressort dans les deux ouvrages, à l'époque de l'Antiquité.

À travers ces définitions, commencent à apparaître des notions, des comportements, des rapports de force, des acteurs et le côté historique de ce que doit être un citoyen. Mais avant d'aborder tous les aspects, il est important de dresser le constat sur la société française, de chercher les causes de celui-ci puis de trouver sur quoi s'appuyer pour être un citoyen français aujourd'hui.

Il faut donc retenir à l'esprit, les éléments suivants pour définir le « citoyen » afin d'entrer dans la suite de la réflexion : un citoyen est une personne humaine, faisant partie d'un peuple, vivant sur un territoire qui est un pays (ou État), mais également une cité - au sens de ville -, respectant des lois dictées par des gouvernants.

Chapitre II

Constat

« A l'impossible, nul n'est tenu »

La question primordiale à se poser est : Comment se porte la France ? La vision en est plutôt sombre.

Physiquement d'abord : le territoire subit les affres du climat entre tempêtes, augmentation du nombre d'ouragans, effondrement de terrains et parois rocheuses, inondations et sécheresse, etc. Tout cela provoque une augmentation des cotisations d'assurances, une détresse humaine, des ruines financières, etc.

Économiquement, en second lieu : le nombre de faillites d'entreprises qui repart à la hausse, conséquence du COVID-19 avec le remboursement du Prêt Garanti par l'État (PGE) qui aggrave les charges des entreprises, en plus de l'augmentation du prix des matières premières et des fournitures, due à la guerre russo-ukrainienne.

Ce conflit est subventionné par des dons français sous forme de matériels, destinés de prime abord à l'armée française, et de formations aux militaires ukrainiens, estimés à 3,2 milliards d'euros (source : www.lemonde.fr du 23/11/2023), dorénavant à 3,8 milliards en plus de tous les matériels que notre industrie d'armement doit maintenant fournir à marche forcée (source : discours du Premier ministre le 13 mars 2024 devant le Sénat lors du débat de l'accord de sécurité franco-ukrainien et de la situation en Ukraine), sans compter les abondements versés aux institutions internationales finançant des aides à l'Ukraine. Le ministre de l'Économie, lors de son audition devant la commission des Finances du Sénat le 6 mars 2024, a indiqué que 3,8 milliards seront alloués cette année à la guerre russo-ukrainienne.

Les agriculteurs français ne sont pas épargnés avec 1 288 défaillances d'exploitations en 2023 (source : www.lafranceagricole.fr du 18/01/2024).

Il semblerait que les décideurs aient oublié que ce sont :

-   les entreprises qui proposent des emplois aux salariés ;
-   les agriculteurs qui nourrissent le peuple et fournissent l'industrie agroalimentaire ;
-   les militaires qui défendent le pays et la liberté.

Socialement, ensuite, avec :

- le taux de chômage qui peine à se maintenir au niveau de 7,4% de la population active au 3ème trimestre 2023 (hors Mayotte – source : www.insee.fr), soit 2,3 millions de personnes en 2023 sur 30,6 millions de personnes estimées en 2022, considérées comme actives (source : INSEE-BIT) ;

- le nombre de SDF qui a doublé en 10 ans pour atteindre 330.000 en 2022 parmi 2,6 millions de personnes mal logées (source : www.ouest-france.fr du 31/01/2024 sur le rapport de la Fondation Abbé Pierre) ;

- les ménages qui subissent de plein fouet les problèmes soulevées précédemment, par les répercussions au niveau de leur pouvoir d'achat ;

- les retraités qui sont de plus en plus démunis car, pour eux, aucun espoir d'obtenir une éventuelle augmentation providentielle décidée par leur employeur puisqu'ils n'en ont plus. Leur seule possibilité est de trouver un petit travail d'appoint qui sera pourvoyeur de revenus supplémentaires.

Politiquement, enfin, la crise est très clairement évidente puisque, outre les multiples changements de Premier ministre, qui donnent cette impression d'un retour à la valse des ministères connue sous la IVe République, les recours nombreux à l'article 49-3 de la Constitution, une gouvernance par ordonnances (sans discussion au niveau du Parlement : petit rappel qu'elles doivent être déposées dans les six mois auprès du Parlement pour être ratifiées faute de quoi elles deviennent caduques) et des projets de lois, voire quelques propositions de lois, discutés avec engagement de la procédure accélérée, le sentiment est fort que le Gouvernement n'a pas vraiment de ligne directrice et que toutes les décisions sont prises pour pallier à une urgence et non pas pour préparer l'avenir. Ou alors lequel ?

À travers ces constats, il ressort clairement que la France et la société française sont en souffrance à tous les niveaux. Alors pourquoi et comment la France en est-elle arrivée à cet état de fait ?

Chapitre III

Les causes

« Vous ne pouvez nous demander ce que nous ne pouvons vous donner » C. de Gaulle à W. Churchill

Pour répondre à la question précédente, il est nécessaire de faire un retour en arrière afin d'identifier les changements sociétaux auxquels le peuple de France a dû faire face, au cours du siècle dernier, tout en tentant de s'y adapter au fil des années.

Sur le plan familial, d'abord, les liens forts d'entraide entre générations ont disparu suite à l'industrialisation de la France provoquant le flux migratoire des populations rurales vers les villes. Grands-parents, parents et enfants ne vivent plus sous le même toit ; ce qui, pour certains, peut être un bien leur permettant une émancipation et, pour d'autres, un mal provoquant un isolement familial.

Il faut se souvenir que les anciens veillaient sur les plus jeunes pendant que les forces vives travaillaient. Les aïeux assuraient également la transmission orale des histoires, familiales ou autres, et les savoir-faire de leurs compétences. Cette transmission orale a malheureusement disparu, entraînant ainsi la perte de nombreux savoirs. Cette prise de conscience a débuté avec, par exemple, la reconnaissance par l'OMS des médecines complémentaires. En France, il est à déplorer que cette prise de conscience n'en soit pas encore là puisqu'un vieux métier comme celui d'herboriste est toujours l'apanage des pharmaciens et ceci depuis la décision prise en ce sens par le Gouvernement de Vichy.

Cette distance familiale est accrue concernant les personnes issues de pays étrangers car les déplacements pour rejoindre les familles ont un coût important. Pour beaucoup, immigrés ou non, les sources de revenus professionnels rendent parfois impossible les visites familiales qu'elles soient à l'intérieur du territoire ou à l'extérieur : Généralement entre 40 - 45% des Français ne partent pas en vacances. (Source sur : www.observationsociete.fr du 28 juin 2023).

L'émancipation puis l'indépendance des femmes, essentielles, favorisées par le droit de vote, le droit à posséder un chéquier, le droit à travailler sans l'accord de leur époux, le droit à l'avortement, la réintroduction du divorce, ont augmenté de façon significative le nombre de familles monoparentales. Aucune structure n'a réellement été mise en place de façon spécifique pour celles-ci. Celles existantes s'adressent plutôt aux couples qui travaillent. Par exemple, dans certaines localités, l'amplitude horaire de l'accueil des plus jeunes avant l'ouverture des classes n'est pas toujours adaptée aux besoins. Les familles monoparentales doivent faire face aux mêmes difficultés qu'un couple assume, habituellement, à deux et, normalement, en se soutenant. Cependant, il est avéré que les familles monoparentales ont des revenus souvent bien inférieurs à ceux d'un couple qui, bien souvent, perçoit deux salaires.

L'autorité, envers les enfants, est également un problème car, outre la culpabilité de ne pas offrir un modèle familial dit « normal », l'adulte, faisant face, seul, aux problèmes inhérents de la vie, se sent parfois démuni devant la mauvaise attitude d'un enfant et le respect de la loi – interdiction de la fessée - ou le regard des autres quant à sa façon de réagir ; auxquels s'ajoutent une fatigue morale et une charge mentale plus importantes.

Le passage des 39 heures hebdomadaires de travail aux 35 heures aurait dû être profitable au bien-être familial pour s'adonner à plus d'activités communes. Il est devenu un problème pour les familles ayant ainsi vu leurs charges augmenter. Occuper les enfants a un coût, notamment pour susciter leur éveil culturel, et les activités gratuites sont plutôt rares – les musées nationaux gratuits les 1ers dimanches du mois - mais une foule importante s'y retrouve ; hormis celles réalisées à la maison, moins onéreuses, sauf quand cela nécessite du matériel. Il est conseillé pour avoir une bonne hygiène de vie de sortir et bouger : pratiquer la marche est la plus économique, mais peut-être la plus ennuyeuse aussi pour certains. Faire du sport suppose d'investir dans un équipement vestimentaire, voire technique. Enfin, organiser des activités est une préparation demandant d'avoir une énergie mentale qui s'y prête et les préoccupations de toutes sortes n'y encouragent pas.

À 18 ans, naît la condition d'adulte, même si le lieu de résidence est celui des parents et que ceux-ci pourvoient aux besoins de leur progéniture. « L'infantilisation » des jeunes adultes est problématique en raison du discours d'enseignants incitant leurs élèves à poursuivre de longues études, alors que d'autres filières, plus courtes, manquent de candidats. Cependant, bien souvent, les bancs des universités se vident au fil des premières semaines de rentrée universitaire, laissant un goût amer à ceux n'ayant pu intégrer la filière désirée faute de place. Face à ce constat, il apparaît que l'orientation des jeunes laisse à désirer car de plus en plus d'adultes changent de voie professionnelle. Il semblerait que l'apprentissage et l'alternance soient des méthodes mieux adaptées pour la suite des études offrant l'avantage de confronter la jeunesse aux rigueurs et aux codes du monde du travail.

Apparue au cours du siècle dernier, la consommation des substances illicites en tous genres est un fléau ayant pris une ampleur considérable, qui mine à long terme le cerveau des jeunes et des moins jeunes. Combien de parents, parfois eux-mêmes consommateurs, se sont interrogés sur les conséquences de l'usage de ces produits ? Combien ont lu le rapport de l'académie de médecine sur les ravages provoqués par le cannabis sur le cerveau ? Tous se sont jetés sur les vaccins contre le Covid-19 de la même manière que peu ont réfléchi sur les conséquences des drogues à long terme. L'un apportait, semble-t-il, une immunité relative quand l'autre procurait quelques moments « d'évasion ».

Il en est de même avec la consommation d'alcools forts qui s'est énormément développée (whisky, gin, et autres) ; ceci est certainement le fruit de la mondialisation et de la société de consommation. Là où ces alcools étaient auparavant consommés par certaines classes sociales en raison de leur coût, ils se sont démocratisés. Fort heureusement, il semblerait désormais que les trentenaires apprécient plus volontiers un verre d'un excellent vin plutôt que des boissons à haut degré d'alcool. Malheureusement, les vingtenaires sont encore focalisés sur les alcools les plus ravageurs.

Une autre cause est celle de la rapidité des avancées technologiques qui, comme tout, ont de très bons aspects, également de mauvais. Ainsi, la banalisation de l'usage des écrans, par leur arrivée dans les foyers et les lieux d'enseignement, n'a fait qu'accentuer l'isolement familial commencé lors de l'exode rural. Désormais, c'est la cellule familiale parents/enfants qui est atteinte. Combien de parents laissent leurs enfants seuls pendant des heures avec leur console de jeux car eux-mêmes sont maintenant abreuvés de mails, textos et appels pendant leur « temps libre » ? Là aussi, la séparation entre la vie professionnelle et la vie privée n'existe plus : les deux se mélangent donc rien ne va plus. Les liens entre les parents et les enfants sont mis à mal par les appels professionnels intempestifs : ce ne sont plus les parents qui s'adaptent à leurs enfants mais ces derniers qui doivent subir les tourments de la vie professionnelle des adultes pendant les temps dits de repos.

L'école n'y échappe pas et ceci dès le niveau primaire, ce qui rend la mission des parents bien complexe de limiter le temps quotidien passé devant les écrans. C'est sans compter la difficulté de proposer une activité familiale aux adolescents qui préfèrent jouer en ligne - quand ce n'est l'un des parents lui-même – avec des « amis » inconnus puisqu'ils ne se sont jamais rencontrés. Là encore, le lien est rompu, l'isolement se ressent pour certains et la rupture de dialogues et de partages prend l'ascendant. Le Gouvernement actuel semble avoir pris la mesure du problème face aux risques de repli sur soi et d'asociabilité.

L'intelligence artificielle n'en est qu'à ses balbutiements. Les problèmes, d'ores et déjà générés avec, comme exemple, les erreurs de prévisions d'un service de météo suite au changement de méthode, laissent présager des perturbations ayant des conséquences encore plus graves dans d'autres domaines comme la sécurité – avec la reconnaissance faciale – ou la santé dans les années à venir. À trop vouloir remplacer le cerveau humain par des machines, les humains seront tués ; c'est le même principe que l'amoncellement de lois qui tue les libertés.

Que penser de l'exemple montré par les médias ? Notamment, lorsque le présentateur du journal télévisé, recevant une personnalité politique, se sent investi du droit d'appeler celle-ci par ses prénom et nom, et non plus par son titre ou sa fonction : ce journaliste se permet de s'élever ainsi au même niveau que son interlocuteur ou le rabaisse au sien, au choix. Le respect de la fonction est alors inexistant. À qui la faute ? À ceux qui n'ont pas montré l'exemple de la hauteur de leur fonction ? Ou à ceux qui n'ont pas su enseigner le respect ? Ou encore à ceux qui n'ont aucun savoir-vivre ?

De même, dans l'art de la discussion : quoi de plus désagréable d'avoir un brouhaha lors d'un débat chacun n'écoutant pas l'autre et voulant faire entendre sa voix plus fort que celle de son interlocuteur. Cette attitude ne dénote-t-elle pas un manque de savoir-vivre et de respect envers le contradicteur et le spectateur, d'une part, un manque de confiance en soi pour celui qui coupe la parole ou veut parler plus fort, d'autre part ?

Idem, la désinvolture affichée par certains est toujours surprenante lors de questions souvent intrusives, voire stupides, qui peuvent être posées à des personnalités publiques. Il est affligeant de constater l'arrogance et le manque de modestie de certains intervenants d'émissions télévisées grand public qui sont créées pour faire de l'audimat et dont on peut douter de l'apport d'une véritable avancée intellectuelle.

Dans le passé, il était enseigné que la famille et l'école avaient un rôle éducatif, ce à quoi les représentants de l'enseignement ont ensuite décidé que leur rôle se limitait à l'apprentissage des matières dites fondamentales. Pourtant dans les années 1950, l'hygiène, la cuisine (préparation d'un repas équilibré) et la morale, entre autres, étaient enseignées à l'école alors que nombre de mères de famille ne travaillaient pas et pouvaient assumer ces formations. C'est au moment où les femmes assument un emploi, où les familles monoparentales explosent - donc que les parents disposent de moins de temps -, où le pays accueille de plus en plus de personnes aux cultures différentes que cette décision est intervenue. Où est le bon sens dans cette mesure ?

Les leçons d'instruction civique enseignaient que les parlementaires font la loi, la police et la gendarmerie veillent au respect de la loi et la justice applique la loi. Qu'en est-il aujourd'hui ? Les images et informations véhiculées à travers les médias laissent parfois perplexes et quelques-uns se disent que, de toutes les façons, ils ne risqueront pas grand-chose.

L'avancée dans le XXe siècle, à travers les progrès technologiques, l'ouverture sur les États-Unis d'Amérique puis le développement du commerce mondial ont provoqué la société de consommation que nous connaissons actuellement – qui semble, cependant, s'apercevoir peu à peu de ses excès – entraînant jeunes et ménages dans une course, voire une compétition, au toujours plus pour avoir mieux que son voisin, sa collègue ou un membre de sa famille, à l'achat de produits venant de destinations lointaines et loin d'être écoresponsables.

L'apparition des lobbies pour faire valoir leurs idées et intérêts - souvent au détriment de ceux des autres -, de la publicité pour promouvoir tel ou tel produit, puis des influenceurs, s'apparentant, à leur niveau, aux lobbies ou aux publicitaires, influencent ou orientent le choix des consommateurs, faisant disparaître les conseillers en vente, établissant les modes et provoquant un manque de personnalité probant de la part de ceux qui les suivent.

Le xxe siècle a vu la naissance de la C.E.C.A. (Communauté Européenne du Charbon et de l'Acier) qui a grandi pour devenir l'actuelle UE (Union Européenne). Tellement expansée en si peu de temps, par rapport à l'Histoire, que, dans une France qui avait déjà des difficultés à se retrouver entre les pays d'Oc et les pays d'Oil – plus exactement, entre ses origines latines au Sud, anglo-saxonnes et germaniques au Nord - s'est accentuée la confusion avec la diffusion du passeport européen. En effet, la diversité culturelle des vingt-sept nations membres de l'U.E. est importante. Bon nombre de citoyens n'y retrouvent pas leurs racines et une partie de leur identité, de leurs us et coutumes. Un proverbe dit : « il ne faut pas mettre la charrue avant les bœufs ». À chacun de méditer sur ce sujet.

Le développement des associations de loi 1901, et plus particulièrement des O.N.G. (Organisations Non Gouvernementales), est un paradoxe par rapport à l'attitude égoïste de certains qui peuvent, bizarrement, en être membre ou donateur. C'est parfois se donner bonne conscience de donner un peu d'argent ou d'être membre d'une O.N.G. à visée internationale, quand ces mêmes personnes ne peuvent tendre la main à un membre de leur famille ou un voisin dans le besoin. Il s'agit d'une contradiction sur laquelle réfléchir.

Pareillement, l'acharnement de certaines associations à faire entendre leurs voix au nom d'un soi-disant « vivre ensemble » interfère dans leur intégration ou adaptation normales et tranquilles au sein de la société. Ainsi dans un pays voisin, les programmes scolaires d'Histoire qui reprenaient pendant quatre années consécutives, les atrocités du nazisme ont provoqué la naissance du néonazisme. C'est le même problème qu'avec les lois : trop c'est trop. Il y aura toujours des personnes à l'esprit étriqué qui refuseront d'ouvrir leur esprit à d'autres possibilités et insister n'engendrera que l'effet inverse. Michel Audiard disait : « Je ne parle pas aux cons ça les instruit ». Cette phrase est à réfléchir.

Enfin, dernière cause envisageable, les conséquences des mesures prises pendant l'épidémie du Covid-19 :

- isolement entraînant un repli sur soi ;
- interdiction de sortir librement ne permettant plus aux urbains de profiter des bienfaits de la nature ;
- fermeture d'entreprises bouleversant la vie des familles pour le bonheur de se retrouver, dans certains cas, ou pour le malheur de découvrir que le cocon familial n'en était pas un, dans d'autres cas ;
- la peur de l'autre au risque d'être contaminé ;
- le haro sur les non-vaccinés et les personnes immunodéprimées ou obèses (un retour de la ségrégation ?) ;
- des fins de vie sans pouvoir accompagner son aïeul ;
- etc.

Sans y paraître cela à provoquer des traumatismes plus ou moins importants selon les personnes, il reste à voir ce qu'il se passera quand ils réapparaîtront au cours d'épisodes de la vie dans les années à venir.

Que dire de la montée des violences ? La violence verbale est-elle due à l'asociabilité, aux manques de repères, aux parents trop absents ou aux enseignants apeurés ? La violence posturale représentant un défi lancé aux autres a-t-elle les mêmes origines que la violence verbale ou est-elle une volonté de s'affirmer par manque de confiance en soi ? Aux excès verbaux d'un individu succèdera un jour la violence physique. Ses origines sont-elles les mêmes ou faut-il y adjoindre l'égoïsme de la société et l'engloutissement des tribunaux sous les dossiers ?

Une, des ou toutes les raisons évoquées dans ce chapitre peuvent expliquer pourquoi une trop large tranche de la jeunesse et de la société françaises semble à la dérive par un manque de repères qui se sont étiolés ces dernières décennies.

Il est temps de poser à nouveau les bases.

Chapitre IV

Les valeurs républicaines

« Nul n'est censé ignorer la loi » Pr. Delvincourt

Qu'inspire l'adage inscrit ci-dessus ? Tout simplement que chacun doit non seulement respecter les lois mais aussi en connaître au moins les grands principes.

S'il est impossible de connaître tous les articles de lois retranscrits dans nos codes législatifs, ainsi que tous les décrets, arrêtés, circulaires et règlements, chaque citoyen doit en connaître les principes généraux pour adapter sa conduite de tous les jours en conséquence.

Comment connaître les principes généraux ? Ce sont les valeurs républicaines, et également morales qui feront l'objet du chapitre suivant.

Ensuite, s'il est un texte législatif que chaque citoyen devrait connaître, c'est celui qui est la norme supérieure en France, la Constitution de 1958. C'est elle qui pose les bases du fonctionnement de la France et de ses institutions. Les grands titres, pour ceux qui ne l'ont jamais lue, en sont :

- de la souveraineté ;
- le Président de la République ;
- le Gouvernement ;
- le Parlement ;
- des rapports entre le Parlement et le Gouvernement ;
- des Traités internationaux ;
- le Conseil constitutionnel ;
- de l'autorité judiciaire ;
- la Haute cour ;
- de la responsabilité pénale des membres du Gouvernement ;
- le Conseil économique, social et environnemental ;
- le Défenseur des droits ;
- des collectivités territoriales ;
- dispositions transitoires relatives à la Nouvelle-Calédonie ;
- de la francophonie et des accords d'association ;
- de l'Union européenne ;
- de la révision.

Les valeurs de la République française se trouvent dans les quatre premiers articles de la Constitution et notamment avec la devise de la République au sein de l'article 2.

Quelles sont ces valeurs ?

Ce sont celles de la devise de la France : « Liberté, égalité, fraternité ».

Que faut-il comprendre dans ces trois mots ?

Concernant la Liberté, des thématiques seront abordées dans le chapitre VII. La liberté de croire est citée dans « *le respect de toutes les croyances* ». A remarquer qu'il n'est pas précisé quelles sont ces croyances : religieuses, spirituelles ou autres ? Le proverbe « *la liberté des uns s'arrête là où commence celle des autres* » doit être gardé en mémoire afin que la vie de la communauté française ne devienne pas un grand désordre irrespectueux.

Concernant l'Égalité, ce principe est clairement défini dans l'article premier : il s'agit de « *l'égalité devant la loi* » et ceci depuis 1958. En 2008, la loi constitutionnelle n° 2008-724, a ajouté un second alinéa dans le cadre de l'égalité homme/femme précisant « *l'égal accès aux mandats électoraux et fonctions électives ainsi qu'aux responsabilités professionnelles et sociales."*

Concernant la Fraternité, il faut rappeler que la Constitution a été rédigée treize ans après la fin de la seconde guerre mondiale (même si la devise de la France date de 1848) et que les traces en étaient encore très prégnantes. Elle est cependant définie à travers les mots de l'article premier « *sans distinction d'origine, de race ou de religion* ». Il faut considérer ici le lien unissant tous les citoyens français du fait qu'ils vivent ensemble sur le territoire français, qu'ils reconnaissent les mêmes lois, qu'ils font partie d'une communauté et d'une nation et sont donc parfaitement intégrés au sein de la population.

L'article premier cite la démocratie, dont la définition est à consulter dans les dictionnaires référencés précédemment. La souveraineté nationale ou non, y est inscrite et celle-ci est précisée à l'article 3, comme étant l'autorité suprême. L'article 4 admet la liberté de l'existence de partis politiques, dans la lignée de la liberté d'association et de la liberté de penser.

Chapitre V

Les valeurs morales

*« Ne pas faire aux autres ce qu'on ne veut pas
qu'ils nous fassent »*

Auparavant, l'école primaire prodiguait des leçons de morale qui inculquaient les principes des valeurs du même adjectif. Par exemple, « qui vole un œuf, vole un bœuf », apprenait que le chapardage était proscrit et que celui qui en commettait un, aussi minime soit-il, pouvait sans difficulté dérober un bien plus important : le fait et la conséquence étaient les mêmes. En effet, nul ne connaît la valeur d'un bien car elle n'est pas seulement pécuniaire mais elle peut être sentimentale. Le manque, ressenti par son propriétaire, que ce soit pour son activité professionnelle ou autre, s'appelle un préjudice moral.

Les valeurs morales sont si nombreuses qu'elles ne peuvent être toutes citées dans ce chapitre. Elles ont été rapportées au fil des siècles dans les écrits philosophiques, religieux et autres, témoignages du vécu des civilisations ou communautés anciennes. Elles guident le comportement des êtres humains par rapport à leurs concitoyens. Souvent, ces caractères se retrouvent dans la morale désormais enseignée par les familles et, par voie de conséquence, dans les lois.

Leur nombre est variable selon les cultures c'est pourquoi ne seront énumérées que les plus pertinentes pour la société française.

Se trouvent donc : l'amour, la fidélité, la paix, la bienveillance, la joie, le partage, l'honnêteté, la patience, la bonté, l'hospitalité, le respect, la dignité, la loyauté, la responsabilité, la discipline, la maîtrise de soi, la douceur, la noblesse, la solidarité, l'engagement, l'obéissance, la justice, la tolérance, la générosité, le courage, la sagesse, la modestie, la tempérance, la stabilité, le pardon, ...

L'examen de chaque valeur nous ramène inévitablement aux textes précités.

Ainsi l'<u>amour</u> est évoqué dans les textes sacrés mais aussi philosophiques ; il s'agit bien évidemment de l'amour inconditionnel qu'il soit amoureux, fraternel, amical ou autre.

Il peut être rapproché de la <u>bienveillance</u> par le regard porté à l'autre ; ce mot se décompose en deux : « bien » et « veiller ».

À travers ces termes, pointe la bonté dans laquelle ressortent la gentillesse et la <u>douceur</u>, mais aussi la <u>noblesse</u> que l'on peut qualifier d'âme.

D'eux émanent la <u>générosité</u> et le <u>courage</u> sans lequel la <u>paix</u>, la <u>maîtrise de soi</u> (en pesant ses paroles, ses actes et décisions) et tant d'autres ne sauraient exister.

Il serait aisé de poursuivre ainsi ; mais tel n'est pas le but de ce chapitre.

Tout un chacun saura aisément puiser au fond de lui, également en observant ses concitoyens, d'autres valeurs ou retrouver celles déjà nommées.

Quel sens général donner à ces valeurs que beaucoup ignorent, voire se moquent ?

Le sens de ces valeurs est de permettre à tout un chacun de vivre en harmonie avec ses amis, ses voisins, etc. C'est respecter l'autre, que ce soit sa hiérarchie, les personnalités, ses parents ou ses amis, etc ; c'est s'intéresser à l'autre. C'est aussi le respect de la parole donnée afin de ne pas nuire à autrui en le mettant dans l'embarras.

*
*   *

S'il est un respect qui disparaît aujourd'hui de façon tangible, c'est celui des institutions et de l'autorité. Par autorité, il s'agit aussi bien de la famille et des enseignants que de la police et de la justice.

Certains vont crier « Haro ! » du fait de mêler ces quatre entités. Et pourtant…

Certains enfants ne respectent plus l'autorité de leurs parents car, pour nombre de ces derniers, il est compliqué de combiner politique de l'enfant-roi et autorité.

Cela se reporte inexorablement envers quelques enseignants qui ne parviennent pas à tenir leur classe, souvent par inexpérience ou manque de confiance en eux ou peur des représailles.

Qui connaît encore la « peur du gendarme » enseignée au fil des leçons de morale ? D'autant que les médias relatent facilement les faibles ou non-condamnations des délinquants et criminels.

En cela, la justice n'est plus respectée et ne se respecte plus elle-même : son rôle est d'appliquer la loi pour protéger les citoyens respectueux de celle-ci. Cependant, il est vrai que les métiers de la justice demandent un discernement qu'il est, en certaines circonstances, difficile de garder, notamment en raison de la fatigue engendrée par la surcharge des tribunaux, en termes de dossiers.

Quelques années en arrière, il était enseigné que le Parlement fabrique et vote les lois, que police et gendarmerie veillent au respect de la loi et que la justice sanctionne le non-respect de la loi.

La réflexion s'impose quant à la réalité vertueuse de ce principe.

Chapitre VI

Des origines de la loi

La phrase, ci-dessus, a bien souvent été reprise que ce soit par les parlementaires, eux-mêmes, ou parfois les médias.

De toute évidence, le Parlement légifère. Néanmoins, comparativement aux débuts de la Ve République, celui-ci a dû faire face à une inflation législative, qui ne s'est pas ralentie avec les successeurs de Monsieur Nicolas Sarkozy à la Présidence de la République : le nombre de projets de lois a bondi et l'examen de ces textes l'est majoritairement, désormais, « avec l'engagement de la procédure accélérée » autrefois appelée « procédure d'urgence ».

Or, trop de lois réduisent peu à peu nos libertés. Elles deviennent de plus en plus précises, prennent de moins en moins en compte la majorité au profit des minorités de tous ordres. Initialement, la loi est rédigée dans l'intérêt de la majorité des Français.

Comment le Parlement peut-il travailler de façon sereine face à cette frénésie et cette contrainte ?

Il est intéressant de revenir brièvement aux origines de la loi pour comprendre quel est son rôle exact.

La première loi connue est celle de la nature : elle gouvernait la vie de notre planète ; aujourd'hui encore le déchaînement des éléments le rappelle. S'y retrouvent la chaîne alimentaire et le cycle de la vie. Elle est la plus ancienne.

Ensuite, dans la religion judéo-chrétienne, les Tables de la Loi sont apparues sous la forme des Dix Commandements. À cette époque, pas de législateurs du même gabarit qu'aujourd'hui.

Les us et coutumes des pays et des régions devraient être normalement considérés comme des lois ; la transmission se faisait souvent par l'oralité. The Bills of Rights, équivalent de la Constitution perdure au Royaume-Uni sous la forme coutumière. Peu à peu, ailleurs, avec l'écriture et l'imprimerie, les textes de lois ont été transcrits.

Souvent, il existait un sage ou un chef de village, ou de clan, ou un seigneur, selon les époques et les lieux, qui était chargé de régler les litiges. Avec le temps, les sociétés et les pays se sont organisés et hiérarchisés. L'exemple qui vient à l'esprit est celui de Saint Louis rendant la justice sous son chêne. Sa statue fait d'ailleurs face, dans l'hémicycle du Sénat, à celle de Charlemagne qui a fondé la première école en France.

Aujourd'hui, en France, le Parlement est censé légiférer car lui seul vote la loi ; le Gouvernement ne peut que proposer la discussion d'un texte : la Constitution de 1958 le conçoit ainsi. Cependant, celle-ci a été transformée à plusieurs reprises, au gré des velléités politiques des gouvernants. Ainsi, des articles, initialement écrits pour pallier à des situations particulières, ont été utilisés de façon ordinaire, comme le gouvernement par ordonnances, récemment. Cette possibilité avait été écrite pour répondre à une éventuelle situation de tension à l'intérieur du pays, si le Sénat et l'Assemblée nationale n'avaient pu se réunir de façon normale pour légiférer, a fortiori en temps de guerre (quand le

Sénat s'installa à Bordeaux en 1914) ou d'insurrection sur le sol national, par exemple.

Lorsque le Gouvernement fait un usage trop fréquent de l'article 49-3, la question se pose de sa légitimité car cela signifie :

- un déni de démocratie avec le refus d'une discussion normale dans les deux Chambres ;
- une majorité mise à mal ne correspondant plus aux attentes du peuple et c'est là que l'usage suisse du référendum est intéressant ;
- des textes qui ne sont pas en adéquation avec la situation du pays et la volonté du peuple ;
- un irrespect envers le peuple car les membres du Gouvernement n'ont pas été élus par le peuple à leur poste : ils ont été nommés donc ils ne représentent pas le peuple. L'article 2 de la Constitution est très clair sur ce principe.

Par conséquent, le Parlement, dans son ensemble, devrait être majoritairement à l'origine des lois. Il ne faut pas perdre de vue que l'Assemblée nationale représente le peuple, en raison de l'élection des députés au suffrage direct, et le Sénat exprime l'intérêt général à travers les collectivités territoriales, en raison du suffrage indirect. Ces dernières concourent à créer les infrastructures nécessaires au bien vivre de leurs citoyens.

Le nombre excessif de textes législatifs et de codes entrave également le travail de la justice puisque cela entraîne parfois une superposition des textes.

De plus, la justice française étant actuellement en sous-effectif, quel juge ou avocat aura le temps de relire les débats législatifs dans le journal officiel pour connaître l'interprétation exacte de tel article de loi ? La jurisprudence parvient parfois à contredire le sens même du texte. Dans ce cas, qui est le législateur : le Parlement ou la Justice ? Que chacun reste à son métier…

Une autre problématique est celle de l'organisation, certes rationnelle, des chambres parlementaires en commissions permanentes. Si cela est louable au sens où les parlementaires peuvent ainsi se spécialiser sur tels codes législatifs, il n'en demeure pas moins que cela rétrécit leur champ de vision. Les projets et propositions de lois sont alors examinés dans leur spécificité et non plus dans l'intérêt de la France et des Français en général, de leur majorité en particulier. Ainsi, n'est-il pas regrettable, par exemple, d'entendre certains membres d'une commission des lois souhaiter octroyer des droits supérieurs aux détenus par rapport à ceux des pompiers, policiers ou militaires ? Car ces derniers oeuvrent au péril de leur vie pour la tranquillité et la sûreté de leurs concitoyens et se doivent d'être exemplaires en respectant les lois ; contrairement aux premiers qui, eux, ont enfreint la loi.

La solution ne serait-elle pas de prendre à nouveau le temps d'examiner un texte de façon posée et non dans l'effervescence de l'escalade des textes ?

Une grande révision de chacun des codes législatifs existants ne serait-elle pas nécessaire ? De même que la réduction de leur nombre ? Ainsi, le code de la construction et de l'habitation est susceptible de contenir des articles en contradiction avec le code de l'urbanisme, idem pour les codes de l'environnement, le code forestier et celui de l'électricité. Les juristes ont de quoi y perdre leur latin…

Alors sur quoi s'appuyer ?

Chapitre VII

La Déclaration des Droits de l'Homme et du Citoyen (D.D.H.C.)

« Ô Liberté, que de crimes on commet en ton nom » (Manon Roland 1793)

Tout d'abord, il est nécessaire de rappeler, que la D.D.H.C. a été rédigée pendant la Révolution française. Le contexte historique n'est plus le même aujourd'hui : elle était adaptée à la tourmente subie par la société française et nulle autre. La France avait assez à faire avec ses problèmes, à savoir nourrir son peuple et ramener le calme sur son sol, sans aller mettre son nez dans celui des autres pays avec lesquels il fallait, avant tout, éviter les guerres.

Cette déclaration n'est adaptée qu'au peuple de France en 1789. Pour ces raisons, elle a été réaffirmée avec son introduction à la Constitution de 1958, tout comme le préambule de la Constitution du 27 octobre 1946 qui, lui-même, faisait écho à la Seconde guerre mondiale. Ces textes permettent d'éviter les dérives et les injustices des politiques nationales relatives à ces époques, et de se retourner contre l'ingérence d'autres pays.

La D.D.H.C. comporte 17 articles ainsi composés :

Art. 1ᵉʳ - « Les hommes naissent et demeurent libres et égaux en droits. Les distinctions sociales ne peuvent être fondées que sur l'utilité commune. »

Liberté et Égalité de la devise de la République française sont ici retrouvées. Il est bien fait référence aux droits qu'ils soient issus de la nature ou de la loi. Ainsi, la distinction sociale existe pour respecter l'article 13 de cette même déclaration demandant que l'impôt soit proportionnel aux revenus. L'utilité commune est l'assurance de vivre en respectant la devise de République et le respect des lois ; la démocratie et l'équité devant être préservées.

Art. 2 - « Le but de toute association politique est la conservation des droits naturels et imprescriptibles de l'Homme. Ces droits sont la liberté, la propriété, la sûreté et la résistance à l'oppression. »

Observer la nature permet de comprendre quels sont les droits naturels, c'est-à-dire : vivre, se nourrir, respirer, se déplacer, posséder, ... Bien sûr certaines de ces notions doivent être précisées par la loi afin que chacun soit respecté, que l'anarchie, le vol et le crime soient réprimés. La sûreté, elle, permet de vivre en toute quiétude, de même que la résistance à l'oppression pour éviter les actes barbares.

Art. 3 - « Le principe de souveraineté réside essentiellement dans la nation. Nul corps, nul individu ne peut en exercer l'autorité qui n'en émane expressément. »

La souveraineté nationale est certainement ce qui caractérise un pays libre et indépendant par rapport aux autres. Les meilleurs exemples frontaliers en sont la Suisse avec les votations quatre fois par an du peuple sur des textes de lois, et, au sein de l'Union européenne, l'Allemagne, dont la Cour de Karlsruhe - équivalent du Conseil constitutionnel français - n'hésite pas à protéger les intérêts allemands face aux normes européennes.

Les corps cités dans cet article sont, entre autres, ceux des préfets et des magistrats nommés par le Président de la République, mais également ceux élus par le peuple, représentant la nation. Cela pour ne pas connaître à nouveau les problèmes d'une lignée de rois, « investis » au nom du droit divin.

Art. 4 - « La liberté consiste à faire tout ce qui ne nuit pas à autrui : ainsi l'exercice des droits naturels de chaque homme n'a de bornes que celles qui assurent aux autres membres de la société la jouissance de ces mêmes droits. Ces bornes ne peuvent être déterminées que par la loi. »

Cet article reprend la notion de respect de l'autre grâce aux lois et celui tout aussi important de la liberté. L'un ne va pas sans l'autre. Ainsi l'harmonie peut exister.

Art. 5 - « La loi n'a le droit de défendre que les actions nuisibles à la société. Tout ce qui n'est pas défendu par la loi ne peut être empêché, et nul ne peut être contraint à faire ce qu'elle n'ordonne pas. »

Il faut prendre ici le verbe « défendre » avec le sens de combattre, d'interdire et non pas de protéger. La loi protège les plus faibles de l'oppression mais aussi les intérêts de la majorité. Surtout elle évite anarchie, crimes, délits et abus. Cette précision est importante même si l'interdiction doit, théoriquement, protéger. Les lois mémorielles sont-elles donc nécessaires ? Tous ces textes sont-ils rédigés en vertu d'actions nuisibles à l'ensemble de la société française ?

Art. 6 - « La loi est l'expression de la volonté générale. Tous les citoyens ont droit de concourir personnellement, ou par leur représentants, à sa formation. Elle doit être la même pour tous, soit qu'elle protège, soit qu'elle punisse. Tous les citoyens étant égaux à ses yeux sont également admissibles à toutes dignités, places et emplois publics, selon leur capacité, et sans autre distinction que celle de leurs vertus et de leurs talents. »

La volonté générale est avant tout celle du peuple dans son ensemble et non pas de quelque lobby ou association. On peut se poser ici la question du peu de recours au référendum en France. La Suisse, en permettant l'initiative citoyenne et en appelant ses citoyens plusieurs fois par an aux urnes pour la votation des textes de lois, les laisse librement exprimer leur volonté. La France s'en remet aux représentants, les parlementaires, au niveau national, les conseillers régionaux, départementaux, communautaires et municipaux, au niveau local. Le paradoxe est que ces élus changent parfois de courant politique au cours de leur mandat ne reflétant alors pas, par la force des choses, les idées pour lesquelles le vote leur a été favorable. Il est important, en sus du discours politique, de bien identifier le parcours et la personnalité du candidat vers lequel le vote va se porter, comme le fait un recruteur.

La loi est à la fois bienveillante et sévère. Est-elle réellement équitable ? C'est un autre débat.

Dans cet article, la notion de discrimination à l'emploi est présente avec trois nuances - capacité, vertus et talents - qui vont permettre de justifier le choix d'une personne par rapport à une autre. L'essentiel est donc dit dans cet article. Partant du principe que *« trop de lois tue la loi »* et donc qu'elles réduisent les libertés, il est, une fois de plus, légitime de se poser la question de savoir si tous les textes votés ces dernières années sur les discriminations étaient-ils nécessaires ? Si le nombre d'articles qu'ils comportent est liberticide ou pas ? Par exemple sur les discriminations à l'embauche, l'ajout des mots « ou privés » à la suite de « publics » n'aurait-il pas suffi ? Les lois ont listé vingt discriminations qui peuvent entraîner des situations ubuesques pour les employeurs.

Art. 7 - « Nul homme ne peut être accusé, arrêté ni détenu que dans les cas déterminés par la loi, et selon les formes qu'elle a prescrites. Ceux qui sollicitent, expédient, exécutent ou font exécuter des ordres arbitraires, doivent être punis ; mais tout citoyen appelé ou saisi en vertu de la loi doit obéir à l'instant : il se rend coupable par la résistance. »

Voici les prémices des codes pénal et de procédure pénale, et du principe que la liberté des uns s'arrête où commence celle des autres.

Art. 8 - « La loi ne doit établir que des peines strictement et évidemment nécessaires, et nul ne peut être puni qu'en vertu de la loi établie et promulguée antérieurement au délit, et légalement appliquée. »

Il est intéressant de s'intéresser aux adverbes « strictement » et « évidemment ». Face à l'affluence de nouveaux articles posant les sanctions dans les codes et les nuances apportées, il est primordial que le législateur les garde en mémoire. Le terme « nécessaires » est très important : ici, c'est aux juges de regarder le sens de cet adjectif dans le dictionnaire. Il est temps de revenir au bon sens des mots et des textes fondateurs, surtout face aux multirécidivistes.

N'est-il pas étonnant de constater la différence des sanctions entre la taille des haies par les agriculteurs entre le 16 mars et le 15 août (source : P.A.C. 2023-2027) et le vol (source : code civil articles 311-3) ? Chacun est passible de trois années d'emprisonnement, alors que les paysans sont soumis aux aléas climatiques, et, concernant les amendes, ils encourent cent cinquante mille euros contre quarante-cinq mille pour les voleurs ! Ces peines sont-elles disproportionnées ?

Art. 9 - « Tout homme étant présumé innocent jusqu'à ce qu'il ait été déclaré coupable, s'il est jugé indispensable de l'arrêter, toute rigueur qui ne serait pas nécessaire pour s'assurer de sa personne doit être sévèrement réprimée par la loi. »

La présomption d'innocence étant déjà citée dans cet article, la question se pose de la nécessité de son inscription dans le code civil ? L'arrestation doit se faire en fonction de la dangerosité avérée de l'individu, de la preuve de sa culpabilité ou du verdict énoncé.

Là aussi cet article protège l'individu. Cela renvoie aux dérives commises pendant les périodes sombres de l'Histoire de France, à la calomnie, à la dénonciation, à l'effet de masse et de colère qui peut changer une personne gentille en monstre. D'où l'intérêt de conserver en soi les valeurs morales et, plus précisément, dans ce cas de figure, la maîtrise de soi.

Art. 10 - « Nul ne doit être inquiété pour ses opinions, même religieuses, pourvu que leur manifestation ne trouble pas l'ordre public établi par la loi. »

La liberté de penser si chère au chanteur Florent Pagny et aux philosophes du siècle des Lumières est mise en avant, de même que le respect de la loi et d'autrui. Ici apparaît la protection contre toutes les formes de pensées et actes extrémistes.

Art. 11 - « La libre communication des pensées et des opinions est un des droits les plus précieux de l'homme : tout citoyen peut donc parler, écrire, imprimer librement, sauf à répondre de l'abus de cette liberté dans les cas déterminés par la loi. »

Voici un article intéressant. Autant les pamphlets étaient condamnés à l'époque de la royauté, autant, actuellement, se pose la question de l'application de cette liberté de communication. En effet, dans les années 1960-1970, l'humour envers les autres peuples était fréquent, notamment envers nos voisins Belges et Suisses qui nous rendaient la pareille. De nos jours, cette liberté d'expression, alors que nos sociétés se veulent progressistes, semble avoir disparu avec un obscurantisme montant vécu lors de l'attentat contre Charlie Hebdo.

Cependant, la liberté d'expression a ses limites à partir du moment où elle ne respecte pas la liberté de penser des autres et autrui.

Art. 12 - « La garantie des droits de l'homme et du citoyen nécessite une force publique : cette force est donc instituée pour l'avantage de tous, et non pour l'utilité particulière de ceux auxquels elle est confiée. »

Les rédacteurs de cette déclaration avaient bien compris que l'existence de la maréchaussée est nécessaire ; autrement, ce serait l'anarchie compte tenu qu'il existera toujours des personnes qui ne sauront pas où poser les limites.

Et, là encore, suite aux actes odieux perpétrés au cours de l'Histoire, il est utile de préciser l'objet de la force publique.

Art. 13 - « Pour l'entretien de la force publique et pour les dépenses de l'administration, une contribution commune est indispensable : elle doit être également répartie entre tous les citoyens en raison de leurs facultés. »

Ici apparaît l'impôt mais surtout la notion d'égalité devant l'impôt puisque chaque citoyen le paie – ce qui est normal, la force publique étant au service de tous - et sa répartition doit être équitable puisque « *en raison de leurs facultés* » : son montant ne sera donc pas le même pour tous.

Il s'agit des différents impôts existants, exceptée la taxe sur la valeur ajoutée dont la règle de fonctionnement n'est plus basée sur les revenus de chacun, d'où l'existence de trois taux, au lieu de quatre, dans le cadre de l'harmonisation européenne. L'abandon du taux sur les produits dits de luxe était-il une nécessité ? La question est permise d'autant qu'un abaissement de ce taux à 25% au lieu de 33% aurait pu être possible. Le taux à 20% aurait pu être remplacé par le taux intermédiaire à 10%. Cela est-il peut-être dû au calcul des recettes pour l'État ?

Art. 14 - « Tous les citoyens ont le droit de constater, par eux-mêmes ou par leurs représentants, la nécessité de la contribution publique, de la consentir librement, d'en suivre l'emploi et d'en déterminer la quotité, l'assiette, le recouvrement et la durée. »

Le budget de l'État (dépenses et recettes), désormais appelé Loi de finances, voté chaque fin d'année, pour la suivante, par les parlementaires pourrait l'être par les citoyens par voie de référendum. Pourquoi le peuple ne se prononce-t-il jamais sur ce sujet ? Les citoyens s'intéressent-ils à ce sujet et surtout en sont-ils suffisamment informés ? D'autant qu'il s'agit de leurs impôts.

Art. 15 - « La société a le droit de demander compte à tout agent public de son administration. »

Cet article interpelle car un simple fonctionnaire ne sera pas toujours en mesure de répondre à la question. Les Français savent-ils toujours à qui s'adresser pour obtenir telle ou telle réponse ?

Tous les citoyens connaissent-ils le site www.service-public.fr ? Connaissent-ils tous la répartition des compétences entre les différents niveaux de collectivités territoriales ? Consultent-ils régulièrement les sites Internet de leurs institutions respectives ? Cela sera traité au chapitre suivant.

Art. 16 - « Toute société dans laquelle la garantie des droits n'est pas assurée, ni la séparation des pouvoirs déterminée, n'a point de Constitution. »

Cet article pose les bases de ce qu'est un État républicain et démocratique.

Art. 17 - « La propriété étant un droit inviolable et sacré, nul ne peut en être privé, si ce n'est lorsque la nécessité publique, également constatée, l'exige évidemment, et sous la condition d'une juste et préalable indemnité. »

Le droit de propriété, réputé inviolable et sacré, peut au final être bafoué par l'État ou les collectivités par l'expropriation. L'exemple le plus flagrant est l'expropriation de leur maison de retraités dans une commune des Hauts-de-Seine afin de laisser place nette pour la construction d'immeubles par des promoteurs immobiliers. Comme quoi rien n'est jamais acquis.

Chapitre VIII

Les collectivités territoriales

« Pourquoi faire compliqué quand on peut faire simple. »

Il y a une trentaine d'années la France comptait plus de vingt-deux régions en Métropole, cent départements et trente-six mille six cents communes.

Puis, il y eut la création des communautés de communes et communautés d'agglomérations, des métropoles, quelques trop rares fusions de communes, un département supplémentaire et la réduction du nombre des régions métropolitaines à treize.

Tout a été fait en dépit du bon sens.

Théoriquement, le bon sens suggère la nécessité de traiter le mal à la racine sinon il revient. Eh bien pas en France !

Si on examine la pyramide des collectivités territoriales, il est aisé de constater que la base en est les communes.

N'aurait-il pas fallu commencer par réduire la quantité de communes ? Certaines comptent moins de cent âmes et, parmi elles, certaines n'ont aucun candidat déclaré lors des élections municipales. Au lieu d'accélérer les fusions de communes, les communautés de communes et les communautés d'agglomérations ont été créées ce qui, somme toute, a eu pour effet d'augmenter le nombre de fonctionnaires, d'indemnités versées aux élus, le financement d'autres locaux et d'accroître les charges y compris les impôts réglés par le contribuable, tout en créant une strate administrative supplémentaire.

Pourtant, l'exemple de la Suisse, avec qui la France a fêté les cinq cents ans de la paix perpétuelle en 2016, aurait dû nous servir. Comment ces derniers ont-ils procédé pour fusionner les communes ? Tout d'abord, ils ont établi un seuil : pas de communes de moins de deux mille cinq cents habitants. Ensuite, le maire de la commune la plus importante a organisé des débats avec les maires des communes avec lesquelles la fusion était souhaitable, puis avec les populations en leur expliquant : les avantages, les inconvénients et les conséquences fiscales. Pourquoi cela n'a-t-il pas pu être obligatoire en France sur tout le territoire ? Il aurait suffi qu'un représentant de chaque petite municipalité siège au nouveau conseil municipal. Cela n'aurait-il pas été plus logique ? Le numéro 149 du 21 février 2021 de la direction générale des collectivités territoriales informe que la France comporte dix-sept mille trois cent vingt-huit communes de moins de cinq cents habitants. Au 1er janvier 2022, le territoire français compte encore trente-quatre mille neuf cent cinquante-cinq communes !!

Cela aurait réduit le nombre d'indemnités de mandat, augmenté les ressources humaines en personnel administratif des nouvelles communes par le regroupement avec celui, quasi inexistant, des plus petites ce qui aurait généré d'autres économies au lieu d'avoir des embauches supplémentaires.

Au lieu de cela, cette nouvelle strate administrative coûte énormément d'argent et complique les démarches des citoyens. Les E.P.C.I. (établissements publics de coopération intercommunale), déjà existants, n'étaient-ils pas suffisants ?

Le nouveau découpage des régions n'est guère mieux : il s'est appuyé sur l'Histoire quand il s'agissait de géographie et de bon sens. Comment expliquer, de façon logiquement pensée, le périmètre et la superficie de la Nouvelle-Aquitaine ? Ou la réunion de la Bourgogne et de la Franche-Comté avec une capitale régionale implantée à Dijon qui n'avait jamais eu à traiter, jusqu'alors, les relations et conventions avec les pays frontaliers ?

Quant aux métropoles, le fiasco est vite apparu. Non seulement le coût en est exorbitant mais des territoires se trouvent encore plus isolés et démunis qu'auparavant, et particulièrement au niveau des dessertes ferroviaires et de la santé.

Tout cela pour des raisons de politique politicienne et non pas d'intérêt général en faveur de la France et de ses habitants.

En Suisse, trois niveaux existent : la commune, le canton et l'État et cela fonctionne bien ; tout comme en Allemagne, avec les arrondissements (ruraux ou urbains), les Länder et l'État.

Pour connaître plus en détails, les compétences et s'informer des décisions et actualités des différentes collectivités territoriales, il est conseillé de visiter leur site Internet :

Pour les conseils régionaux :

- www.isula.corsica ;
- www.ctguyane.fr ;
- www.collectivitedemartinique.mq ;
- www.auvergnerhonealpes.fr ;
- www.bourgognefranchecomte.fr ;
- www.bretagne.bzh
- www.centre-valdeloire.fr ;
- www.grandest.fr ;
- www.regionguadeloupe.fr ;
- www.hautsdefrance.fr ;
- www.iledefrance.fr ;
- www.regionreunion.com ;
- www.normandie.fr ;
- www.nouvelle-aquitaine.fr ;
- www.laregion.fr (Occitanie) :
- www.paysdeloire.fr ;
- www.maregionsud.fr (Provence-Alpes-Côte-d'Azur).

Pour les Conseils départementaux, généralement il faut taper le nom du département.fr.

Chapitre IX

Français ou Européens ?

« Un pays qui ne peut se nourrir ne saurait être un grand pays » C. de Gaulle

Le problème de l'identité devrait être un des focus des gouvernants. Lorsqu'une personne se reconnaît dans une communauté, elle se sent y appartenir et est déjà intégrée.

La France existe depuis le 27 septembre 1792 et le Royaume de France depuis 481 avec le sacre de Clovis. Or, il aura fallu attendre 1871 pour que la langue française soit enseignée à l'école dans toutes les régions grâce aux programmes scolaires, alors que le français est la langue officielle depuis 1539. Après plus d'un siècle, qui aura vu disparaître la langue d'oïl et la langue d'oc, les régionalismes sont encore très présents. Fort heureusement, car ils préservent les us et les coutumes qui sont reconnus pour être des lois - pour rappel - et font la richesse et la diversité culturelles de la France à travers la gastronomie, l'architecture, les contes et légendes, la géographie et autres particularismes.

Il est intéressant de voir qu'il existe, à Paris, des maisons représentant les régions françaises pour faire la promotion de celles-ci, non seulement sur le plan touristique mais également économique et culturel. D'ailleurs, il s'y trouve également des associations régionales où les Parisiens, pour la majorité originaires d'une autre région, peuvent se retrouver pour danser, échanger, s'entraider, etc.

Les Français sont généralement fiers de leur origine régionale, tout comme ils passent pour être chauvins lorsqu'ils sont à l'étranger. Leur région, leur département ou celui de leurs parents pour ceux qui sont nés à Paris, ce sont leurs racines. Pendant la première moitié du XXe siècle, les paysans sont devenus ouvriers, rejoignant les grandes villes. Cependant, ils sont toujours revenus auprès des leurs pour se retrouver lors des fêtes familiales, renouer avec leurs traditions et se laisser gagner par la joie d'être à nouveau réunis tout en évoquant leurs souvenirs.

*

* *

La communauté du charbon et de l'acier (C.E.C.A.) est née en 1952. Puis la Communauté économique européenne (C.E.E.) a vu le jour en 1957, dans le but de renforcer la coopération économique entre les 6 pays qui la composaient face à la suprématie économique américaine, et uniquement économique n'en déplaise à certains.

Depuis, les gouvernants n'ont eu de cesse d'augmenter le nombre de pays adhérant à l'Union européenne, pour désormais en compter vingt-sept ; tout en voulant imposer une Europe dite sociale pour mettre les Européens sur un pied d'égalité en termes de prestations. Ceci n'était pas la volonté des pays fondateurs et le désastre de la Politique Agricole Commune (P.A.C.), depuis les années 70, aurait dû freiner cet engouement.

Il est affligeant de voir que les gouvernants français n'aient pas pris en compte l'Histoire, leurs concitoyens et leurs habitudes bien ancrées avant de se lancer dans l'agrandissement territoriale que l'Union européenne impose à chacun à marche forcée. Au sujet de celle-ci, il est important de se rappeler que la Commission européenne est composée de technocrates qui n'ont pas été élus par les peuples et qu'elle s'arroge donc des droits qu'elle ne devrait pas avoir ; sinon ce n'est alors plus une démocratie. Pour mémoire, la présidente de cette commission n'est pas un chef d'État : la présidence de l'U.E. est, ce que l'on nomme, une présidence tournante ; c'est-à-dire que, tous les six mois, à tour de rôle, le Président d'un État membre en prend le siège.

Comment est-il possible que des personnes encore fortement attachées à leur région puissent se sentir plus Européens que Français ?

Ce sera peut-être vrai pour la génération des trentenaires et des quarantenaires qui a profité des avions à bas prix pour faire le tour de l'Europe au cours de week-ends. Mais ont-ils seulement pris le temps d'apprendre à connaître l'art de vivre des pays visités ? Ont-ils pris le temps de discuter avec leurs habitants ? De connaître leur Histoire, leurs us et coutumes ? De s'y intégrer ?

Il est donc paradoxal d'imposer à un peuple de devenir autre, de s'adapter aussi rapidement alors qu'il a fallu des siècles pour que la langue française soit généralisée sur le sol national. Cela s'appelle un joug.

Le temps d'adaptation à de nouvelles normes sur certains sujets, par exemple l'agriculture, ne peut avoir lieu du jour au lendemain. Il existe toujours non seulement une durée naturelle à respecter, et, plus que tout, il faut anticiper, prévoir, consulter, évaluer : car anticiper c'est prévoir et prévoir c'est déjà agir. Cela est valable pour les technocrates des institutions européennes et, plus encore, pour les acteurs économiques concernés en premier lieu qui se retrouvent souvent au bout de la chaîne, relégués à n'être, dans l'esprit des institutions, que de simples pions. Combien de technocrates se sont-ils déjà déplacés dans chaque type de fermes, des vingt-sept pays pour voir comment l'adaptation est possible ? En effet, les hommes et femmes qui travaillent, qui entreprennent, ont une fierté, une sensibilité : leur éducation a fait d'eux des personnes courageuses qui ne veulent pas vivre des subsides de l'État ou de l'Union européenne mais de leur travail. Ils veulent fièrement participer à la vie économique de leur pays, se sentir acteurs, vivre dans la dignité tout simplement.

L'attitude de l'Europe n'est pas sans rappeler le colonialisme à la française qui imposait une assimilation alors que le Royaume-

Uni proposait plutôt une association gagnant-gagnant aux pays colonisés. Peut-être est-ce pour cela que ce dernier a choisi de quitter l'Union européenne ?

Cela suffit-il à expliquer le désordre actuel ?

Chapitre X

Le premier trinôme

*« Que chacun reste à son métier et les vaches
seront bien gardées » (proverbe XVIIIe siècle)*

Le premier trinôme est composé des premières personnes auxquelles le futur citoyen sera soumis pour son éducation ; il s'agit des enseignements familial, scolaire et religieux quand ce dernier existe.

La responsabilité de ces trois types d'intervenants est considérable : ils auront à donner les bonnes bases à l'enfant, puis à l'adolescent. Qui s'en rend réellement compte ? Qui s'en soucie ? Qui en a les moyens ?

En premier lieu, les parents sont les primo-intervenants puisqu'ils ont bien souvent choisi d'avoir un enfant. Mais parfois, ils ne sont pas totalement présents en raison des accidents de la vie, dorénavant appelés ainsi, que sont les divorces, veuvages et chômage pour ne citer que les plus courants.

Les parents sont les premiers responsables du devenir du futur citoyen. Ils doivent lui inculquer les bonnes bases de conduite envers les autres, avec notamment la politesse, la morale – puisque l'école y a renoncé – et l'hygiène, en plus de le nourrir, le vêtir, l'amener à devenir un adulte responsable. Ce qui, souvent, est de plus en plus rare pour les deux premières. On le constate réellement chez les adolescents, mais aussi chez les jeunes adultes, qui font parfois preuve d'une désinvolture et d'une impolitesse déconcertantes.

La baisse des familles classiques en raison de la hausse des familles monoparentales a déjà été évoquée : le parent, débordé à assumer les tâches dévolues à deux adultes, peut parfois baisser les bras face à un enfant trop insupportable.

*

* *

En second lieu, viennent les enseignants de la maternelle au lycée dont la charge est d'instruire le futur citoyen afin qu'il sache lire, écrire, compter puis parfaire ses connaissances générales à travers d'autres matières.

Il est triste de constater que 10% des adolescents de 16 ans ne sachent pas lire (source www.ouest-france.fr du 7 juin 2023). Désormais, il existe même des écoles d'enseignement supérieur (au-delà du baccalauréat) qui créent des créneaux horaires dédiés à la remise à niveau en orthographe… L'enseignement primaire n'a-t-il pas clairement failli à sa mission ?

Il serait légitime de poser la question de savoir si les parents ne sont pas, quelque part, naïfs et inconscients de confier leur enfant à des inconnus dont les compétences peuvent être remises en cause, au regard des méthodes de recrutement actuelles pour pallier au manque de candidats. A titre d'exemple, est-il normal, de confier une classe de primaire à une personne diplômée au niveau Bac+5, n'ayant ni passé le concours de l'I.N.S.P.É., ni suivi la formation et étant suivie psychologiquement car atteinte d'un mal-être chronique et incapable de se maintenir dans un emploi ? N'est-ce pas un absentéisme assuré ? Ou une future classe turbulente, les enfants ressentant l'état psychique des adultes ?

Cinquante ans plus tôt, les enseignants étaient respectés et avaient leur métier chevillé au corps : c'était une passion, pas juste un emploi pour gagner sa vie.

Le constat du nombre d'étudiants, changeant d'orientation en cours d'études car la filière prise ne leur convient pas, interroge. Ne faudrait-il pas modifier les messages passés par les enseignants aux collégiens et lycéens quant au fait de poursuivre (le mot fait sourire) de longues études et la façon dont les orientations sont décidées ? Des études oui, mais pas n'importe comment : un élève motivé pour un métier doit être dirigé vers la meilleure voie pour lui d'y accéder, même si elle emprunte quelques détours et est plus longue. Ce sera l'assurance d'avoir par la suite un bon professionnel motivé et consciencieux de surcroît.

La première étape est de demander à l'enfant à quel métier il souhaite se destiner car certains le savent dès l'école primaire. Dans ce cas pas de problème, il faudra l'aider à atteindre son objectif même s'il faut passer par des voies détournées comme des filières techniques ou des études à l'étranger : c'est déjà le cas pour les étudiants en médecine qui vont se former en Roumanie pour y décrocher leur diplôme. Il peut commencer par un B.E.P. sanitaire et social, continuer avec un baccalauréat technologique en sciences médico-sociales, poursuivre par une année préparatoire au concours d'entrée à l'école de médecine. Ne serait-il pas bon de supprimer le numerus clausus pour éviter les formations à l'étranger ?

S'il ne sait pas, ce n'est pas dramatique ; il a le temps d'y réfléchir. Si l'élève, en fin de cycle, ne sait pas vers quel métier s'orienter, il faut lui laisser une année, au cours de laquelle il travaillera dans un métier qui ne demandera pas de formation spécifique, ce qui lui permettra d'être confronté réellement au monde du travail et de rencontrer des personnes qui pourront provoquer en lui un déclic.

La seconde étape est de systématiser les tests de quotient intellectuel mais également des tests sur l'émotivité et comprendre pourquoi l'enfant est ainsi. Il existe tant de techniques pour l'aider, utilisées dans d'autres pays, mais qui ne percent pas en France. Il faut trouver ce qui va motiver un enfant pour l'aider à s'accomplir au mieux, quel qu'il soit. Il ne faut pas oublier que la jeunesse sera les futures forces vives.

Enfin les filières techniques ne doivent plus être dénigrées : il existe depuis plusieurs décennies maintenant une crise des métiers de l'artisanat. Essayez de trouver des lycées enseignant la plomberie ou l'électricité dans Paris : il n'en n'existe que trois pour chaque technique.

*

*   *

En derniers intervenants, se trouvent les religieux quand les parents ont des convictions de cet ordre. Sinon, le terrain est vierge pour la laïcité, l'agnosticisme et l'athéisme.

Car, finalement, en quoi consiste la laïcité ? Qui en connaît la définition exacte ? Peu. Ce principe concerne uniquement l'État et les services publics qui se doivent d'être neutres par rapport aux religions, c'est-à-dire ne faire ni prosélytisme, ni préférence, ni financement de celles-ci et laisser les cultes s'exercer librement. La laïcité a-t-elle des limites pour la sécurité du territoire ?

Concernant les athées, s'il est fait référence à Dieu dans les deux dictionnaires, il est peut-être temps, au regard des religions s'exerçant sur le territoire français, de se poser la question suivante : Ne devrait-on pas modifier cette définition, eu égard aux différentes religions existantes sur le territoire français, par « qui ne croient pas en un dieu. » ?

Pour ce qui est des agnostiques, les définitions sont, certes, différentes, mais celle de Le Robert est intéressante par les notions auxquelles elle fait allusion.

Les religieux, à travers les principes énoncés dans les textes sacrés que sont la Bible, La Torah et le Coran, concourent, à leur façon, à l'éducation des plus jeunes. La question à se poser est : les enseignements religieux remplacent-ils les manquements de l'école et des familles dans certains cas ? Complètent-ils les enseignements cités précédemment ?

Alors que les agnostiques, eux, remettent en cause les principes religieux, se posent des questions auxquelles ils ne peuvent apporter une réponse certaine. Cette démarche est intéressante, visiblement, car ils ne sont pas des moutons de Panurge.

Chapitre XI

Le deuxième trinôme

« Il faut savoir raison garder »

Le second trinôme est composé de trois principes que le citoyen doit garder en mémoire afin de ne pas les confondre.

En premier lieu, il s'agit de la loi. Ainsi que le rappelle l'article 1ᵉʳ de la Constitution française : *« la République française est laïque »*.

Comme cela a été écrit dans le chapitre précédent, la laïcité ne concerne que l'État et les services publics.

L'article 1ᵉʳ précise également que *« Elle* (la France) *assure l'égalité devant la loi de tous les citoyens sans distinction d'origine, de race ou de religion»*. Ce qui revient à dire que lorsque des individus pensent et arguent que leur religion est au-dessus de la loi française, ils contreviennent à celle-ci ; et chacun sait que toute personne qui ne respecte pas la loi est, normalement, sanctionnée. Est-ce le cas ? Cela fait-il partie de la liberté de penser ou cela nuit-il à la société ?

L'article 24 de la Constitution française dispose que « Le Parlement vote la loi ». Si l'on s'en tient à cet article tous les décrets-lois votés après-guerre devraient être revus, abrogés ou ratifiés par le Parlement.

Un décret émane uniquement du Gouvernement.

Ainsi les lois d'habilitation autorisant le Gouvernement à promulguer des ordonnances doivent demeurer exceptionnelles, c'est-à-dire si des faits réels empêchaient celui-ci de présenter les textes de lois au Parlement.

Pour les lecteurs intéressés, les domaines concernant la loi sont énumérés à l'article 34 de la Constitution.

Donc, il est clair, à ce stade, que la loi régit la vie de la nation et, par là-même, du citoyen. Nul ne peut s'y soustraire à partir du moment où il se trouve sur le territoire de ce pays. Il en est de même dans tous les pays européens.

Pour information, en France, la hiérarchie des normes s'établit en quatre blocs :

- le bloc de constitutionnalité qui est le plus élevé (Constitution, D.D.H.C., Préambule de 1947 et Charte de l'environnement de 2004) ;
- le bloc des conventions (traités internationaux et européens, droit de l'Union européenne) ;
- le bloc de légalité (les lois organiques, les lois référendaires, les lois ordinaires, les ordonnances et les règlements) ;
- le bloc réglementaire (décrets, arrêtés, circulaires).

*

*   *

En deuxième lieu, la religion, dont la définition du dictionnaire Le Robert, est vraiment différente de celle du Larousse. Dans le premier, il est question de croyance. Dans le second, il existe quatre définitions ; celles retenues seront la première et la troisième. Pour cette dernière les synonymes cités sont : foi, piété et spiritualité.

Les principes ou doctrines des religions, quand ils sont positifs, ont une bonne influence sur le comportement de leurs croyants.

Généralement, ils se rapprochent des valeurs morales et donc des lois. Mais ce ne sont pas des lois. Ils sont une philosophie de vie.

*
* *

En troisième lieu, la spiritualité que bien des personnes confondent avec la religion.

Ainsi le dictionnaire Larousse en donne l'une des définitions qui se trouvait également pour la religion comportant la doctrine, Dieu et la spiritualité ; cependant, celle sur l'esprit semble la plus appropriée.

Pour le dictionnaire Le Robert, les deux définitions font référence, au sens philosophique comme au sens religieux, à la spiritualité et, à la dissociation de la matière et de l'âme.

La religion est une adhésion à une vision commune qui a des règles alors que la spiritualité n'a pas de règles mais permet le questionnement sur la qualité de l'être, son rôle, son but, le comment et le pourquoi.

90

C'est à chacun de se questionner s'il est plus près de la spiritualité ou de la religion, voire s'il ne se reconnaît dans ni l'une ni l'autre et se considère tout simplement comme un citoyen inclut dans un système dont il ne suit que les règles ou pas.

L'important étant, finalement, de respecter la loi française. Chacun dispose de son libre arbitre quant à une philosophie de vie ou non.

Chapitre XII

Le troisième trinôme

« Ordo ab Chaos » (l'ordre naît du chaos)

Ce trinôme n'est pas des moindres puisque, grâce à lui, tous les citoyens pourront vivre en bonne intelligence et en toute quiétude sur le sol national.

En premier lieu, la famille. Elle a déjà été évoquée. C'est elle qui forgera plus que quiconque le futur citoyen de demain à travers l'éducation qu'elle lui donnera et le caractère qu'elle lui modèlera. Inutile d'en ajouter plus, tout a été dit.

*

* *

En deuxième lieu, les forces de l'ordre que sont la police et la gendarmerie. Est-il nécessaire de rappeler qu'ils sont là pour veiller au respect de la loi, pour protéger les biens et les personnes ?

Le rapprochement entre les forces de l'ordre et les jeunes défavorisés des cités à l'occasion d'activités sportives est un bon moyen pour mieux comprendre le métier et les missions de ceux-ci. Pourquoi alors limiter ces contacts aux activités sportives même si celles-ci sont favorables à la cohésion ? Pourquoi une intervention annuelle dans les classes, avant l'entrée au collège ne serait-elle pas la bienvenue ? Plus tard, quand un professeur se sent dépassé par l'attitude de ses élèves, en pleine crise d'adolescence, ne pourrait-il pas lui aussi faire intervenir un représentant de ces corporations pour expliquer les risques encourus, faire un rappel du code pénal (Nul n'est censé ignorer la loi) face au harcèlement, aux insultes et autres attitudes déplacées ? Ne serait-il pas souhaitable que chacun puisse travailler la main dans la main, en toute Fraternité ?

Les parents ne pourraient-ils pas aussi être conviés à ces quelques minutes de rappel des règles de fonctionnement de la société française ? Il est du ressort du chef d'établissement d'organiser ce genre de réunion. Les parents y verraient-ils un inconvénient ?

Il est évident que cela ne nuirait à personne. Les forces de l'ordre y gagneraient en respect, les enfants en savoir-vivre, le corps enseignant et les parents en sérénité.

*

*   *

En troisième lieu, la justice dont le rôle est d'appliquer la loi. La justice n'est pas là pour faire une mauvaise interprétation de la loi que des commissions parlementaires ont passé des heures, collégialement, à construire. Tout à coup, une seule personne, un juge, déciderait, seul, de ce qu'il faut comprendre dans la loi ? La jurisprudence ne doit pas devenir force de loi car elle n'en est pas une : elle n'a pas été votée par les élus représentant la Nation. Elle peut servir d'argument et rien d'autre.

Où le bât blesse-t-il ?

Depuis quelques années, le Parlement propose des stages aux juges pour comprendre la façon dont est votée la loi mais aussi les termes employés en législique.

Le Parlement ne devrait-il pas aller plus loin en proposant le décryptage des articles qui apparaissent dans les codes, le sens donné à tel article lors des débats parlementaires ?

Il faut le répéter, il y a trop de lois et de codes en France. Ne faudrait-il pas une simplification de ceux-ci ? Des lois de simplification ont déjà été discutées : c'est un lourd travail auquel le député Warsmann s'était attaqué. Ne faudrait-il pas créer une commission parlementaire mixte permanente chargée de réduire le nombre de codes en en fusionnant certains, puis de nettoyer les articles se superposant ou inutiles car déjà inscrits dans le bloc de constitutionnalité ? Ne faudrait-il pas revoir la façon d'écrire la loi, voire de rédiger les codes législatifs ? Des anciens parlementaires expérimentés ne pourraient-ils pas en faire partie ?

Ainsi la justice pourrait mieux travailler. Même avec l'existence de la séparation des pouvoirs, chacun doit travailler ensemble dans l'intérêt de tous. C'est une lourde responsabilité pour un juge de décider, seul, du devenir de tel ou tel litige.

Il est particulièrement contrariant de voir une jeune juge aux affaires familiales dans une affaire de divorce, soustraire le fait qu'une des parties avait encore un enfant à charge d'une première union.

Comment ne pas être interpellé par les répercussions de la façon dont l'affaire d'Outreau a été exécutée ? Cela a été assez commentée par les médias.

Cela entraîne une autre réflexion quant à la formation des juges. Ne serait-il pas primordial de revoir les possibilités d'accès à l'école nationale de la magistrature en les limitant à la voie du troisième concours ? A savoir : avoir déjà une expérience professionnelle de dix années dans une activité professionnelle ?

Tous ces points permettraient-ils à la justice de travailler plus vite et mieux ?

Autant de questions auxquelles chacun pourra réfléchir.

Existe-t-il des outils permettant de répondre aux questions soulevées dans cet ouvrage ?

Chapitre XIII

Les outils légués

L'outil le plus ancien est certainement celui de la transmission de tous les proverbes et dictons que nos aïeux prenaient un malin plaisir à nous inculquer.

Ce sont toutes ces petites phrases qui, sans en avoir l'air, sont d'une grande sagesse et d'un enseignement certain. Il est intéressant de se plonger dans les ouvrages les énumérant : cela remet en mémoire certaines idées et permet d'y réfléchir à nouveau, voire d'en faire siennes certaines puis de les transmettre ensuite à qui elles pourront être utiles.

Dans le même registre, se trouvent les phrases prononcées par des personnalités et qui ont marqué les esprits.

C'est pourquoi le choix a été fait d'en écrire au début de chaque chapitre.

La Déclaration des Droits de l'Homme et du Citoyen, à laquelle le chapitre VII a été consacré, contient également de quoi guider le citoyen.

À la Constitution française et à la D.D.H.C., il faut ajouter le préambule de la Constitution de 1946, écrit au lendemain de la Seconde guerre mondiale, marqué par les épreuves subies lors de celle-ci. Chaque citoyen devrait également avoir lu au moins une fois son contenu qui, non seulement réaffirme les principes de la D.D.H.C., mais apporte de nouveaux droits aux citoyens français, voire aux étrangers à travers le droit d'asile qui y est bien défini.

Ce préambule de 1946 entérine :
- l'égalité homme-femme ;
- le droit d'asile ;
- le droit au travail et le <u>devoir</u> de travailler ;
- le droit de grève et les syndicats ;
- la nationalisation des entreprises mono-polistiques ;
- les protections sociales ;
- les congés ;
- l'entraide ;

- l'enseignement gratuit à tous âges ;
- la paix ;
- la reconnaissance des outre-mer ;
- l'ouverture à la décolonisation.

Il est intéressant de noter que le bien-être y est inscrit alors que son développement réel n'a commencé que depuis une vingtaine d'années.

En 2005, la Charte de l'environnement de 2004, instituant le principe de précaution et reconnaissant le droit à vivre dans un environnement équilibré et respectueux de la santé, est intégrée au bloc de constitutionnalité. Tout est dit dans ce texte. Chacun doit avoir une attitude responsable sur le plan de l'écologie par un retour au bon sens. Il ne faut pas oublier que la terre nourrit les populations, tout comme l'eau permet à la terre d'être riche pour apporter aux fruits, légumes et cheptel les vitamines et minéraux nécessaires à notre survie. Hippocrate n'avait-il pas dit *« que ton alimentation soit ton premier médicament »* ? De même, jouer les apprentis sorciers à travers, par exemple, l'ensemencement
des nuages (source : www.parlonssciences.ca)
pose question. Jusqu'où la science peut-elle aller ? Le citoyen est-il également responsable du fait de

son manque d'implication dans les politiques menées ? Ne court-il pas à sa propre perte ?

L'instruction civique, n'en déplaise à quelques enseignants, est un élément essentiel à laquelle l'Éducation nationale doit pourvoir : quand un enseignant réfute, lors d'une interview réalisée pendant la grève de ceux-ci en février 2024, le terme « Instruction civique » employé par la ministre de l'époque, celui-ci ne devrait-il prendre son dictionnaire pour y lire la définition du verbe « instruire » ? Il est certainement plus valorisant que celui d'éduquer car on éduque aussi les animaux de compagnie ; l'éducation étant le savoir vivre et l'instruction le savoir, la connaissance tout simplement. Même si une dissertation s'imposerait sur le terme connaissance, mais ce n'en est pas le lieu. Chaque lecteur aura tout le loisir d'y réfléchir, ou pas. Les savoirs seront abordés au prochain chapitre.

La question peut donc se poser : le ministère de l'Education nationale ne devrait-il pas être renommé ministère de l'Instruction nationale pour plus de cohérence ?

L'instruction civique est fondamentale car elle permet au citoyen de comprendre le fonctionnement de son pays et de ses institutions et d'aborder les notions existantes dans la Contitution.

Combien de citoyens connaissent aujourd'hui les compétences dévolues :

- Aux instances nationales ? Président de la République, Premier ministre et autres membres du Gouvernement… (voir Constitution) ;
- Au Parlement ? Leurs trois pouvoirs, l'existence des deux chambres, leurs différences et l'intérêt de ces différences… Trop souvent les médias ont un parti pris pour les débats à l'Assemblée nationale au détriment de ceux du Sénat dont ils ne savent parler que pour les dérives d'un ou deux de ses membres. (voir Constitution et les sites des deux Chambres) ;
- Aux différents tribunaux et diverses Cours de justice ? (voir le site www.justice.gouv.fr) ;
- Aux Conseils ? Constitutionnel, d'État, C.E.S.E., C.S.M., … (voir Constitution et sites de chacun d'eux) ;
- Aux collectivités territoriales ? les compétences qui leur sont dévolues en

fonction de leur niveau dans la pyramide de ces structures : municipal ou communautaire ou départemental ou régional. Il est vrai qu'avec tout ce « mille-feuilles » il y a de quoi s'égarer ;
-   À la différence entre les départements et les communautés d'outre-mer ? (voir Constitution et code général des collectivités territoriales).

Le Monde, la France sont en perpétuelle évolution. Il est impossible d'être au fait de tous les changements qui s'opèrent et un enseignant parvient difficilement à mettre ses fiches à jour : qu'il est navrant de voir une enseignante qui, normalement, aurait dû préparer la sortie avec ses élèves dans l'hémicycle du Palais du Luxembourg se tromper sur la durée de mandat des sénateurs (elle avait été modifiée 6 ans auparavant). Pourquoi est-il si compliqué de laisser certains experts intervenir dans les établissements scolaires ? Une bénévole d'une association homosexuelle le peut, un général de l'armée française ne le peut pas pour certains : la liberté d'information et le droit d'accès à celle-ci sont-ils limités à certains sujets… ?

Que penser de la transmission des savoirs ?

Chapitre XIV

Les savoirs

« Il ne faut pas en savoir long pour manger, mais bien pour être cuisinier ».

Actuellement, il est à la mode de voir dans les livres ou articles, dédiés au monde de l'entreprise et des affaires, le développement et la comparaison entre savoir, savoir-faire et savoir être.

Tout d'abord, le plus simple et non des moindres : le savoir. Savoir est un verbe ici utilisé comme un nom commun. Le savoir est la connaissance dans le sens d'accumulation d'informations pour avoir des certitudes. Le savoir est général et concerne tous les sujets possibles et imaginables ; il peut aussi concerner un thème ou une matière spécifique.

Quelques années en arrière, le terme savant était usité ; désormais, il est remplacé par celui de chercheur ce qui pose un autre problème de la société française : un savant parvenait, par ses connaissances et son savoir, à faire progresser la science. La question suivante s'impose : les chercheurs français font-ils, eux aussi, avancer la science pour devenir savants à leur tour ou cherchent-ils sans jamais rien trouver ? Est-ce dû à la fameuse fuite des cerveaux vers l'étranger ?

N'importe qui est doté d'un savoir généraliste à partir du moment où il a fréquenté les chaises des établissements scolaires. Plus on accumule de savoirs, plus on peut entretenir une conversation, plus on peut débattre, plus on peut argumenter, plus on peut s'adapter à un public différent.

D'où l'intérêt de connaître les grands principes de la loi, le fonctionnement des institutions pour être ainsi mieux armé en cas de problèmes, administratifs ou autres, qui viendraient se poser dans la vie quotidienne.

Le savoir-faire ne doit pas être confondu avec le savoir. Le premier fait appel à l'approfondissement technique d'un savoir pour le maîtriser totalement, voire en devenir un expert ; ces derniers sont peu nombreux. Cette notion de savoir-faire est particulièrement importante dans le monde de l'entreprise, associatif ou dans les loisirs. Mais c'est aussi un tour de main comme dans le célèbre slogan publicitaire d'une marque de plats cuisinés en conserves, dans les années 70.

Le savoir-être, quant à lui, consiste en l'attitude que chacun va adopter envers ses concitoyens. Il s'agit de la politesse, du comportement, du respect du protocole, des principes que les parents ou l'entourage ont inculqués. Le savoir-paraître peut y être inclus : il relève lui de l'apparence, de l'habillement, de la connaissance des codes vestimentaires, du maquillage…

Le savoir-être et le savoir-paraître sont importants, quoi qu'en pensent certains, s'agissant de l'image que la personne renvoie à ceux auront un avis, un jugement même, qui pourrait être erroné en raison d'une mauvaise attitude ou présentation. Il ne faut pas oublier qu'à moins d'employer la même méthode que lors des auditions à l'aveugle d'une célèbre émission télévisée, ce sont les yeux qui vont découvrir avant que les oreilles n'entendent ; sauf si la médisance a pris les devants ; et se rappeler également que les apparences peuvent être trompeuses.

À ces trois-quatre savoirs, il semble important d'ajouter celui semblant avoir été oublié ces dernières décennies : non pas le savoir-vivre, tout court, que beaucoup appellent désormais le savoir-être, mais le véritable savoir-vivre à la française.

Ce savoir-vivre-là semble devenu désuet et pourtant comme il est agréable de déjeuner face à une personne à qui les bonnes manières ou le protocole ont été enseignés. Il n'est alors pas question de politesse mais de l'art de tenir une fourchette, de porter la nourriture à sa bouche, de donner la bonne dénomination à un ambassadeur… Autrefois, cela était plus communément appelé les bonnes manières. Il est encore possible de se procurer quelques manuels sur le sujet. Malheureusement, ce savoir-vivre, ou art de vivre à la française, ne semble plus être une priorité. Toutefois, en connaître les codes permet de s'adapter à des situations sociales particulières, comme un cocktail organisé par un client important et regroupant des personnalités, par exemple.

L'important est de savoir se fondre dans la collectivité et de se démarquer par ses propres compétences.

Les savoirs, mais aussi les valeurs, offrent la possibilité de s'engager dans d'autres domaines.

Chapitre XV

Le sens de l'engagement

« La liberté n'est pas l'absence d'engagement mais la capacité de choisir ». Paulo Coelho

L'engagement est l'acte par lequel une personne, une entreprise, un pays, etc, s'engage à accomplir une promesse, une convention ou un contrat qui établissent un lien avec une personne physique ou morale, une institution ou un pays.

Si la promesse peut être orale, elle n'en est pas moins morale car le contractant engage sa parole ou son honneur.

En France, une convention ou un contrat sont écrits.

S'engager est faire des choix et assumer des responsabilités plus ou moins lourdes, selon le cas.

Le mariage est souvent cité comme un engagement car les époux s'obligent à assurer le bien-être de la famille qu'ils créent et bien d'autres aspects décrits dans les articles du Code civil sur le sujet.

Il existe plusieurs types d'engagements et façons de s'engager.

Tout d'abord, l'engagement civil, créé en 2006, dénommé également service civil, est devenu l'engagement civique ou service civique en 2010. Ces formes de pactes envers soi et les autres s'adressent aux jeunes et offrent une alternative à la disparition du service militaire. Dans ce type d'engagement est également inclus celui au sein d'associations - toujours à propos des jeunes.

Cependant, si on se réfère aux premières phrases de ce chapitre, le fait de se déplacer aux urnes pour voter est aussi un engagement civique : même s'il ne s'agit pas d'une promesse, d'une convention ou d'un contrat, il n'en demeure pas moins que se rendre aux urnes est un engagement de confiance envers un candidat ou, en cas de bulletin blanc, d'engagement envers le droit de vote et à faire entendre sa voix.

Est-ce un engagement politique pour autant ? Oui, car l'électeur choisit de donner son vote à un candidat - ou aucun - et non, car le premier ne fait pas de promesse au peuple de France. Ce sont les candidats qui s'engagent politiquement car ils s'orientent souvent vers une idéologie et un parti – hormis les candidats qualifiés « sans étiquette ». Ils siègeront peut-être pour débattre de décisions et les voter à leur tour.

Les conseils municipaux de jeunes sont une expérience intéressante car ils initient ces derniers à la citoyenneté, à la prise de décision, au fonctionnement et compétences d'une mairie.

Pour le citoyen, pleinement concerné, qui choisit de s'investir en politique, c'est un véritable sacerdoce ; ce doit être une passion et non pas un métier dont il ne verrait que la rémunération et la possibilité de satisfaire son ego. Si telle est sa vision, il ne sera en aucun cas un bon candidat car n'ayant pas le sens de l'engagement : il n'a, alors, pas passé de contrat moral avec ses concitoyens. Néanmoins, il peut être considéré que la votation est un contrat passé puisque le candidat signe son dépôt de candidature et le peuple émarge le cahier de la liste des électeurs comme preuve de son vote. Cela se passe ainsi le vote étant secret ; il s'agit bien d'un contrat passé entre deux parties : le candidat et les votants. Ceci est à méditer par nombre de candidats, mais aussi d'électeurs et surtout d'abstentionnistes, même si pour Charles Pasqua *« les promesses des hommes politiques n'engagent que ceux qui les reçoivent »*. Suite aux luttes pour obtenir le droit de vote, chaque électeur ne se rendant pas aux urnes ne devrait-il pas être sanctionné par une amende ? Cela se passe ainsi en Belgique et pour les grands électeurs lors des élections sénatoriales françaises.

L'engagement politique de tout élu local ou national, ne devrait-il pas commencer par une prestation de serment sur la Constitution ? Dans celle-ci, à l'article 2 au dernier alinéa, se trouve une phrase d'une extrême gravité que chaque candidat nouvellement élu devrait garder en tête tout au long de son mandat : *« Son principe est : gouvernement du peuple, par le peuple et pour le peuple. »* « Pour le peuple » est lourd de significations et de conséquences. Malheureusement, quelques-uns l'oublient. Ces quelques-uns doivent comprendre qu'à partir de ce moment-là, tous les citoyens sont sur un pied d'égalité quelle que soit leur opinion politique ; à partir de ce moment-là, l'intérêt de tous prévaut. C'est cela l'engagement du nouvel élu, son engagement à gérer sa collectivité territoriale en bon père de famille, à voter les lois nationales de la même façon.

L'engagement se vit aussi au sein d'associations. Souvent celles-ci, palliant aux manquements de l'État ou des collectivités, n'existeraient pas sans les bénévoles qui y oeuvrent. Chez les seniors, l'engagement associatif est relativement important, d'autant qu'il leur permet d'avoir une vie sociale et de se sentir utiles. Il est plus compliqué à réaliser pour les jeunes parents sauf quand ils décident de s'impliquer dans le club de loisirs ou sportif de leurs enfants.

Pourtant, des associations comme la Jeune Chambre Économique sont très formatrices. Mal, voire peu connue, elle gagne à l'être : elle permet d'acquérir les compétences pour monter un projet et le réaliser du début à la fin avant de le présenter à un chef d'entreprise ou un élu. Elle s'adresse aux adultes jusqu'à l'âge de quarante ans. Son but est d'améliorer la vie dans la cité.

L'engagement professionnel est celui auquel chaque travailleur doit répondre. Il s'engage à servir une entreprise au mieux des intérêts de celle-ci en effectuant son travail correctement, dans le respect du Code du travail, évidemment. Une partie des employés ou cadres s'investissent plus que d'autres, parfois au détriment de leur vie familiale ou personnelle : il en est de même dans la fonction publique. Que dire des chefs d'entreprises qui se lancent corps et âmes dans une aventure incertaine, risquant souvent leurs propres économies pour démarrer : les études de marchés ne font pas tout car il y a les aléas, comme ceux endurés ces quatre dernières années. Il est aisé et évident d'affirmer que l'engagement professionnel peut se faire à plusieurs niveaux. Il est nécessaire que chacune des parties respecte et comprenne le choix de l'autre. Ne pas oublier que sans chefs d'entreprise, il n'y aurait pas de travail pour les cadres et employés, et que sans personnels les entreprises ne pourraient pas fonctionner, à moins que tous ne deviennent micro-entrepreneur, que machines et robots parviennent à fonctionner sans les êtres humains. Mais de là à faire vivre une famille…

L'engagement le plus total est certainement celui des militaires. Face à l'évolution de la société, l'augmentation de la violence et le développement du terrorisme, on peut citer également celui des forces de l'ordre. Les hommes et femmes qui s'y engagent le font au péril de leur vie pour protéger leurs concitoyens, avec un sens des valeurs et de la liberté que nul ne peut comprendre sans en avoir débattu et vibré avec eux. Là, pas d'espoir d'être rémunéré au prix du sacrifice consenti. Certes, tous ne mourront pas et fort heureusement. Mais les atrocités, auxquelles ils sont confrontés pour nos libertés et notre survie, les marquent à tout jamais et les séquelles n'en sont pas toujours visibles et reconnues.

À un moment ou un autre de sa vie, l'individu devra s'engager. Les exemples ci-dessus sont aussi divers et variés que les possibles existent. Il le fera en son âme et conscience, avec plus ou moins de convictions, plus ou moins d'implication, pour des raisons différentes. Or, chacun doit se rappeler que l'engagement le plus intense auquel il ne veut pas se donner – le pouvoir est un autre état d'esprit – certains le font et, en cela, il doit toujours les respecter et ne pas oublier que, sans eux, il ne serait ou n'aurait rien.

Chapitre XVI

Etre citoyen français au XXIe siècle

«Un homme ne se mêlant pas de politique mérite de passer non pour un citoyen paisible, mais pour un citoyen inutile. » Thucydide

« Tout le monde veut gouverner, personne ne veut être citoyen. Où est donc la cité ? » Louis-Antoine de Saint Just

Comme il a été vu dans le premier chapitre traitant des définitions des mots essentiels, le mot « citoyen » a, au final, une définition assez vague dans chacun des deux principaux dictionnaires français. L'un citait des *« droits civils et politiques »* et l'autre des *« droits politiques »* uniquement.

Les droits civils sont ceux protégeant le citoyen : respect de la vie privée, de la vie familiale, liberté d'expression, etc.

Les droits civiques, également appelés droits politiques, concernent ceux en lien avec l'administration et l'État : le droit de vote, être tuteur, se présenter aux élections, servir dans l'armée, etc.

La citoyenneté et les droits civiques sont parfois confondus. Les droits civiques venant d'être évoqués, la citoyenneté est à la fois le statut accordé par l'État français par l'hérédité ou la délivrance de la nationalité, le fait d'appartenir à la communauté des citoyens français ayant les mêmes droits et les mêmes devoirs, ceux-ci étant repris dans le bloc constitutionnel, notamment dans la D.D.H.C., le préambule de 1946 et la Charte de l'Environnement.

Comment définir le concept de citoyen français au XXIe siècle ?

Etre citoyen français aujourd'hui, c'est avoir la nationalité française, c'est-à-dire se sentir appartenir à la communauté des Français et suivre les lois françaises afin d'être totalement cohérent avec la vie à la française.

C'est donc accepter l'Histoire de la France quels qu'en aient été les épisodes, bons ou mauvais. Comment juger des événements de plusieurs années ou siècles alors qu'ils n'étaient pas nés ? Personne ne connaîtra la totale vérité : il y aura toujours des faits qui seront occultés. Comment tenir pour responsables des personnes n'ayant pas participé à ces actes-là ? Elles n'étaient pas les décideurs et pas forcément en accord avec eux. Le meilleur exemple est celui des militaires mobilisés pour aller guerroyer : dans les deux camps, ils n'ont pas choisi ; chacun aussi a une famille tout comme ses adversaires et ils y pensent tous.

Au-delà des clichés vieillots de l'identité française, symbolisée par un individu franchouillard portant le béret et la baguette de pain, il est important de se sentir Français en aimant son pays, en s'intéressant à la vie politique, qu'elle soit locale ou nationale.

C'est également avoir un esprit observateur et critique pour rester lucide et intègre afin de comprendre ce qui est bien ou pas pour la survie économique de la France, dans sa globalité, et des Français.

C'est arrêter de regarder son nombril et de s'ériger en donneur de leçons, c'est être à l'écoute de son voisin, de son employé, de son patron etc : chacun doit résoudre ses propres problèmes, l'entraide et la solidarité ne doivent pas être uniquement à l'international mais avant tout sur le sol national pour, seulement ensuite, s'exporter.

C'est s'engager toujours dans un esprit d'apport pour l'avancement de la société dans laquelle le citoyen évolue. Les exemples ont été suffisamment développés au chapitre précédent.

C'est connaître les différents savoirs et être capable de s'adapter aux différents milieux afin d'être entièrement et toujours intégré : il en ressortira un grand bien-être et une bonne confiance en soi.

C'est s'informer en portant un intérêt à la société française en suivant l'évolution des grandes lignes de la loi.

C'est connaître le B.A.BA. des institutions : les compétences de la commune, de la communauté, de la métropole, du département, de la région, du préfet, etc

C'est être capable de discernement en réfléchissant, en ne prenant pas pour acquis et vrai ce qui est dit, en s'intéressant à la vie de son immeuble, de son quartier, de sa commune, de son pays, s'investissant dans des associations ou autres, en votant, en donnant du sens aux valeurs, en voyant autrement que par le petit bout de la lorgnette.

C'est regarder les curriculum vitae des candidats aux élections, comme un chef d'entreprise qui recrute ; quel est son parcours ? Quelles sont ses compétences et son expérience ? etc.

C'est garder en mémoire les valeurs républicaines et morales pour les appliquer le mieux possible pour soi et les autres.

C'est à chacun de se concentrer sur le rôle qu'il a choisi pour l'exercer au mieux des intérêts des autres : parent, élu, chef d'entreprise, salarié...

C'est agir et non pas se plaindre : être acteur et non pas spectateur.

C'est avoir des droits, surtout des devoirs. Ces devoirs sont :

- le respect d'autrui chacun possédant les mêmes droits ;
- l'entretien de la propriété ;
- le respect de la loi et de ses représentants ;
- la connaissance des grandes lignes de la loi ;

- le devoir de tout citoyen de se rendre aux urnes ;
- le devoir de se comporter en citoyen responsable dans un souci d'équité envers autrui ;
- le principe que la liberté s'arrête où commence celle des autres.

Cette liste n'est pas exhaustive. À chacun de puiser ce dont il a besoin pour devenir le citoyen qu'il pense devoir être.

Conclusion

Beaucoup de sujets sont évoqués et de questions sont posées dans ce texte. Aucune réponse cependant, car c'est à chaque corps de métier de trouver les réponses qui lui conviendront et à chaque citoyen de cheminer intérieurement pour être acteur.

Puissent ces thèmes être un apport pour certains, un rappel pour d'autres et, pourquoi pas, une source d'inspiration pour quelques-uns.

Des réponses aux questions pourraient être données, or le but de cet ouvrage n'est pas de ressembler à un programme de campagne électorale. De plus, il faut garder à l'esprit qu'il n'y a pas une vérité mais des vérités et chacun détient la sienne.

Par ailleurs, toutes les citations, proverbes et dictons, à la tête de chaque chapitre, sont une autre forme d'invitation à la réflexion.

L'espoir est que ce travail n'ait pas été vain et qu'il sera utile à un certain nombre de ses lecteurs pour aller vers une prise de conscience individuelle, voire collective, du citoyen qui sommeille en chacun.

Avis aux lecteurs

Je vous remercie pour la lecture de ce livre et espère que vous aurez eu plaisir à le lire, même si nos opinions divergent.

Si la lecture de cet ouvrage vous a plu, vous pouvez retrouver mon parcours d'auteure sur mon blog :

https://voievoixedith.blogspot.com

Vous pouvez également me laisser un message sur : edith.auteur@gmail.com